Das große Bastelbuch für Kinder

Das große Bastelbuch für Kinder

Zusammengestellt und überarbeitet von Sabine Cuno

Buchgestaltung von Kirsch & Korn

FX SCHMID

Die Beiträge in diesem Buch haben ausgedacht und beschrieben:
Susanne Becker, Klaus Bliesener, Monika Blume, Sabine Cuno,
Elisabeth Gloor, Barbara Grijpink, Kirsch & Korn,
Sabine Lohf, Ulrike und Wolfgang Metzger, Sylvia Öwerdieck,
Beatrice Tanaka, Marianne Weber
und gezeichnet:
Susanne Becker, Klaus Bliesener, Christl Burggraf,
Elisabeth Gloor, Barbara Grijpink, Kirsch & Korn, Sabine Lohf,
Wolfgang Metzger, Sylvia Öwerdieck und Beatrice Tanaka

Fotografiert haben: Ulrike Schneiders, Thomas A. Weiss u.a.

Die Bastelbärbilder malte Jutta Kirsch-Korn

Umschlaggestaltung: Dirk Lieb
Fotos: Ulrike Schneiders, Thomas A. Weiss u.a.

Titel der Originalausgabe: Mein großes Bastelbuch

Printed in Germany

3 2 1 01 00 99

ISBN 3-89782-863-4

Inhaltsverzeichnis

Dein großes Bastelbuch begleitet dich durch das ganze Jahr.
Hier findest du die schönsten Bastelideen für Ostern, Ferien, Herbst und Weihnachten.

Die meisten Sachen sind so einfach, daß du sie ganz leicht nachbasteln kannst. Sie sind im Inhaltsverzeichnis mit einem ● markiert.
Manchmal sind vier Hände geschickter als zwei – deshalb bitte bei den Basteleien, die dieses Zeichen haben, jemand älteren um Hilfe.
Wenn du in deiner Kindergartengruppe, mit Freunden oder deiner Familie gemeinsam basteln willst, findest du dafür Ideen mit diesem Zeichen.

In den blauen Rähmchen steht alles, was du zum Basteln brauchst. Zum Beispiel Butterbrotpapier, mit dem du abpausen kannst:
Das Butterbrotpapier auf das Pausmuster legen, dieses mit einem weichen Bleistift abzeichnen, das Butterbrotpapier wieder umdrehen, auf das Bastelmaterial (Rückseite) legen, nochmals kräftig die Linien nachfahren – das Muster ist abgedruckt.

Nun noch ein paar Tips vorweg:
Beim Malen mit Plakafarben ein altes Hemd anziehen!

Walnußschalen vorsichtig mit einem stumpfen Messer entzweien.

Korken mit einem richtig scharfen Messer zerschneiden. Stumpfe Messer rutschen viel leichter ab – ein scharfes schneidet, wo es soll!

Eicheln und Kastanien mit einem Milchdosenöffner anbohren.
Aber: Vorsicht!

Wenn du Streichhölzer brauchst – nur die abgebrannten nehmen!

So, nun kann es losgehen. Viel Spaß!

Erstes Papierfalten

Hexentreppe, Himmel und Hölle,
Schiffchen und Hüte aus Zeitungspapier...
Oder möchtest du lieber
zwei prima Papierflieger haben?

Schau dir mal die nächsten Seiten an.
Mit vielen klaren Zeichnungen
zeigt dir der Bastelbär, wie gefaltet wird.

Du brauchst nur abzugucken,
und mit etwas Geduld bist du schon bald
ein ganz geschickter Papierfalter!

Für alle Modelle in diesem Kapitel brauchst du folgende Sachen:

Dünnes farbiges Papier
weißes Schreibpapier
dünnes farbiges Tonpapier, stabiles Tonpapier für alles, was stehen soll
Zeitungspapier, Alufolie
Nadel und Faden, wenn du etwas aufhängen willst
Bunt- oder Filzstifte zum Verzieren, Watte
Schere, UHU-Klebstoff
Bleistift und Lineal

Und so wird richtig gefaltet:
Am besten bastelst du auf einem großen Tisch, damit du genügend Platz hast. Falte möglichst genau und streiche jede Falte mit dem Fingernagel nach, dann hält sie besser!
Hier siehst du, was die verschiedenen Zeichen in diesem Kapitel bedeuten und wie man richtig danach faltet:

Schnittlinien und Papierkanten

Das Papier in der Mitte falten;
es ist jetzt nur noch halb so groß.

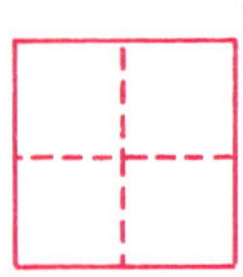

Das Papier wird von zwei Seiten jeweils zur Mitte gefaltet.

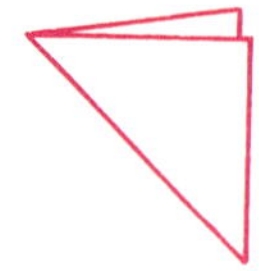

Ein quadratisches Papier wird Ecke auf Ecke gelegt.

Zwei Ecken eines quadratischen Papiers werden jeweils zur gegenüberliegenden Ecke gefaltet.

Bergfalte: Der Falz steht oben.

Talfalte: Der Falz steht unten.

Umbrechen: Wenn eine Bergfalte in eine Talfalte verwandelt wird.

Vorderseite der Bastelei umdrehen und mit der Rückseite weiterarbeiten.

Hexentreppe

Schneide dir zwei 3 cm breite und 50 cm lange Streifen Tonpapier zurecht. Wie die Hexentreppe gebastelt wird, siehst du auf der Zeichnung unten. Aus einer Hexentreppe kannst du vieles machen: bunte Zickzackschlangen, Girlanden, einen Tintenfisch... Und wenn du sie aus Goldpapier faltest und aufhängst, hast du schönen Weihnachtsschmuck.

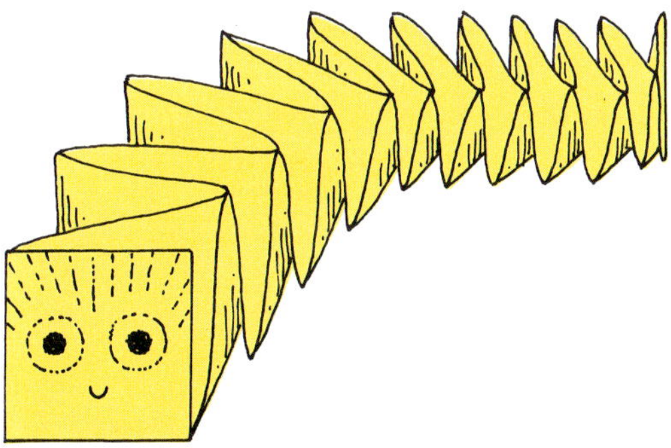

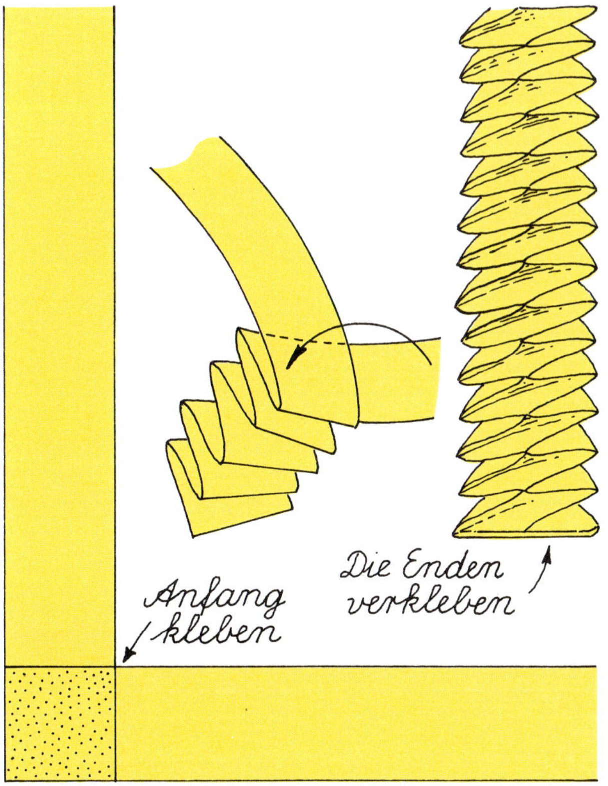

Ziehharmonika

Für die Ziehharmonika brauchst du zwei 5 cm breite und 1 m lange Tonpapierstreifen. Die Haltegriffe entstehen aus zwei 2 x 8 cm großen Streifen. Falte die Ziehharmonika genauso wie die Hexentreppe und klebe zum Schluß die Schlaufen an.

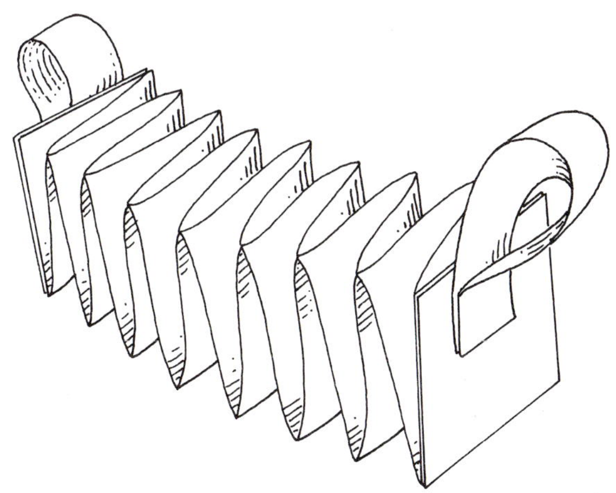

Fächer

Nimm ein 20 cm breites und 50 cm langes Stück Tonpapier. Falte an der schmalen Seite einen 1 cm breiten Streifen. Drehe das Papier um und mach dasselbe auf der anderen Seite: umdrehen, falten, umdrehen, falten, bis zum Ende des Blattes. Dann wird der Fächer schön verziert. Zum Schluß klebe einen Papierstreifen als „Griff" fest um das eine Ende.

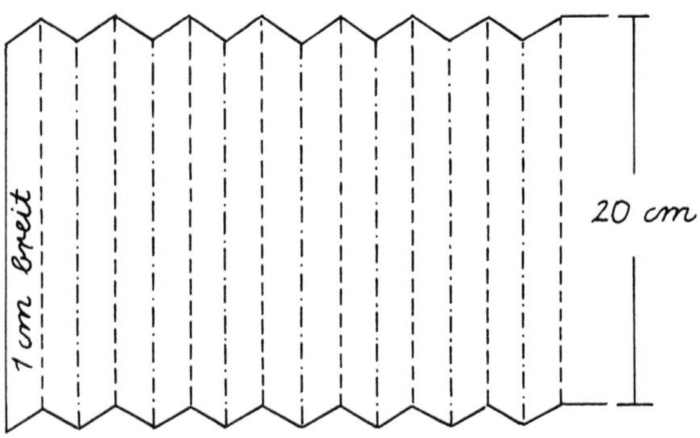

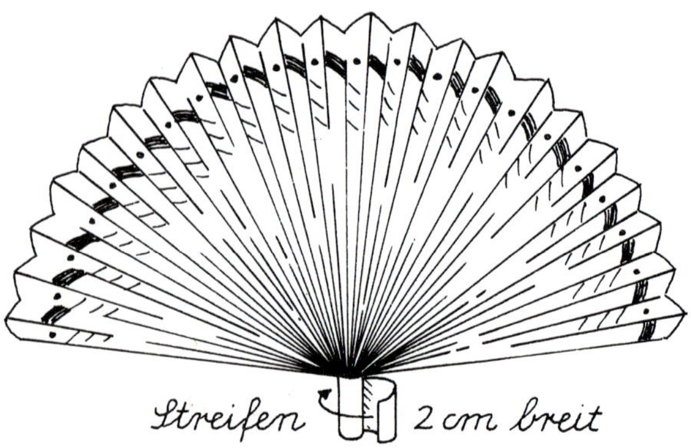

Libelle

Den Libellenflügel faltest du genauso wie den Fächer. Nebenan siehst du die Form für den Libellenkörper. Schneide ihn aus stabilem Tonpapier zurecht und verziere ihn mit bunten Mustern. Dann schneide in den vorderen Teil einen Schlitz. Er muß so breit wie dein zusammengefalteter Fächer sein!
Stecke die Flügel durch den Schlitz und ziehe die Falten etwas auseinander.

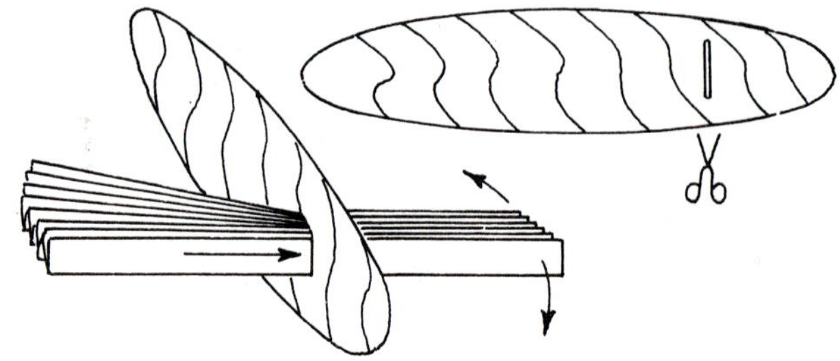

Wenn du in den Körper ein Loch stichst und einen Faden durchfädelst, kann deine Libelle „fliegen"…

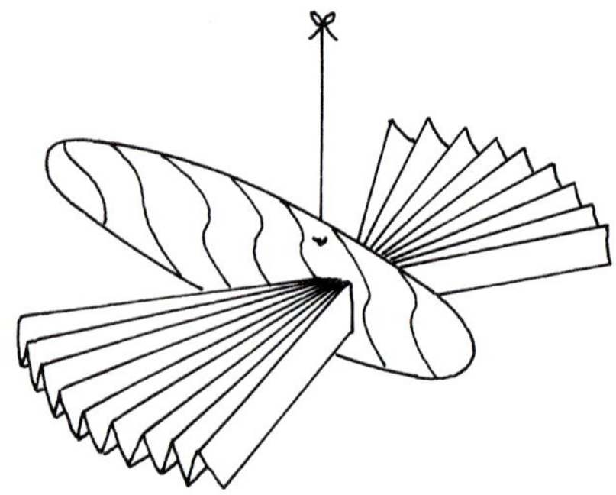

Bunte Quallen

Zeichne einen Kreis von 15 cm Durchmesser auf Tonpapier, schneide ihn aus, falte ihn einmal in der Mitte und schneide ihn an der Mittellinie durch. Die drei „Hexentreppen-Beine" faltest du wie gewohnt. Laß dabei ein Ende offen, damit du sie beim Zusammenkleben zwischen die Körperhälften kleben kannst.

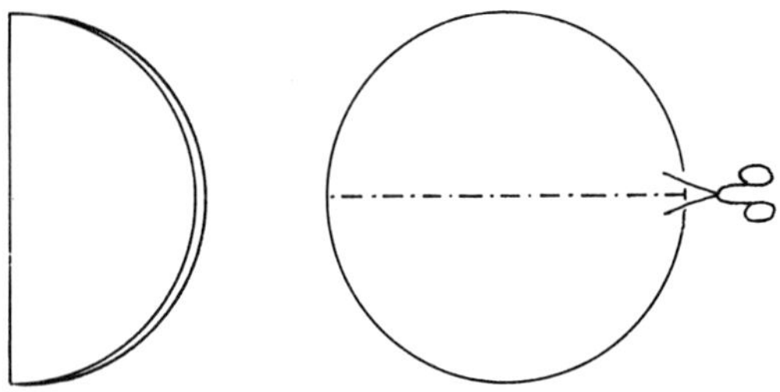

Zum Schluß wird der Körper noch bunt verziert. Wenn du oben ein Loch durchstichst und einen Faden befestigst, kannst du deine Qualle aufhängen.

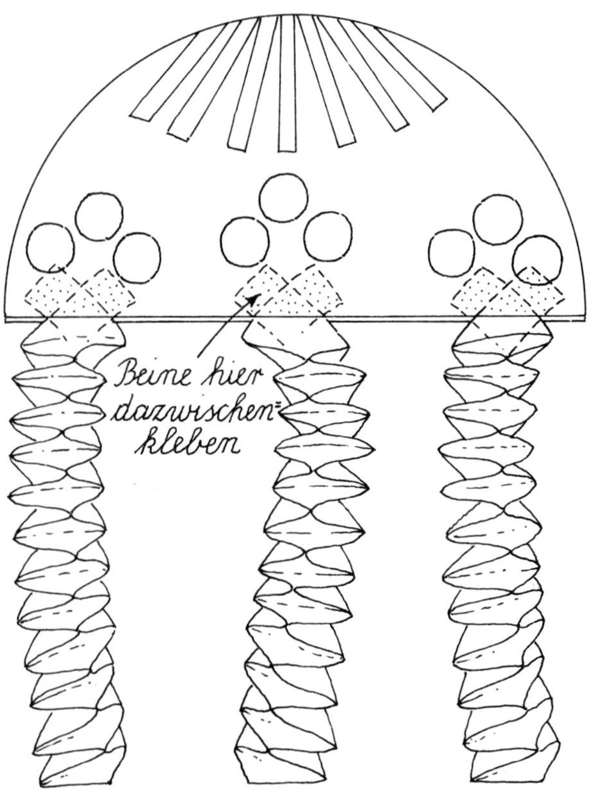

Hüte, Hüte...

Du brauchst einen Bogen Zeitungs- oder Tonpapier. Falte das Papier so, wie du es auf den Zeichnungen 1 - 4 siehst.
Diesen Hut kannst du auch in einen Ritterhelm verwandeln. Den Robin-Hood- oder Jägerhut bekommst du, wenn du eine Ecke umschlägst und ihn mit Feder und Band schmückst. Für den Puppen- und Puppenmutterhut schlägst du die obere Ecke um und klebst sie fest.
Damit dein Hut besser hält, befestige 2 Bänder daran.

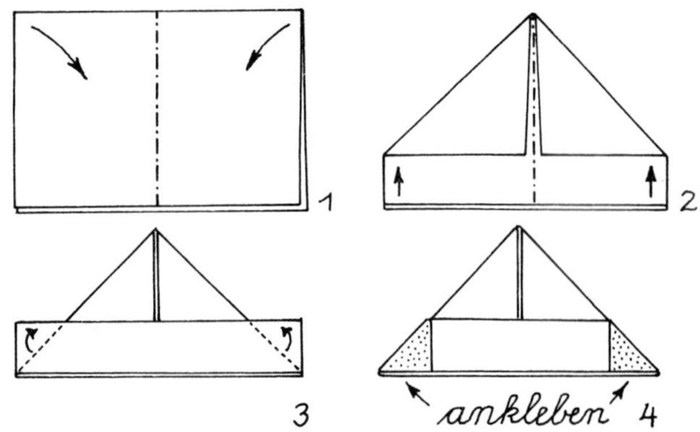

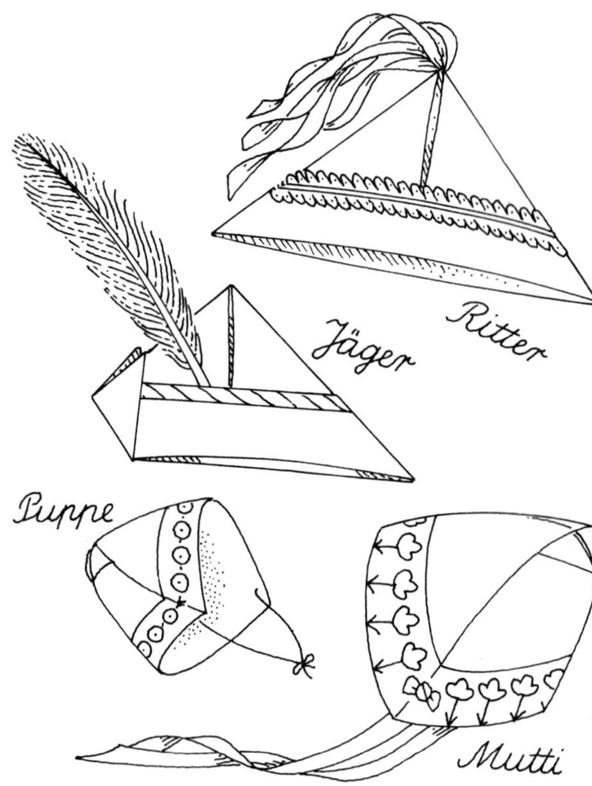

Himmel und Hölle

Ein weißes Papier (20x20 cm) wird so gefaltet, wie du es auf den Zeichnungen 1 + 2 siehst. Dann werden jeweils zwei gegenüberliegende Ecken rot und blau angemalt und danach von der weißen Rückseite aus die vier Taschen herausgedrückt (Zeichnung 3).

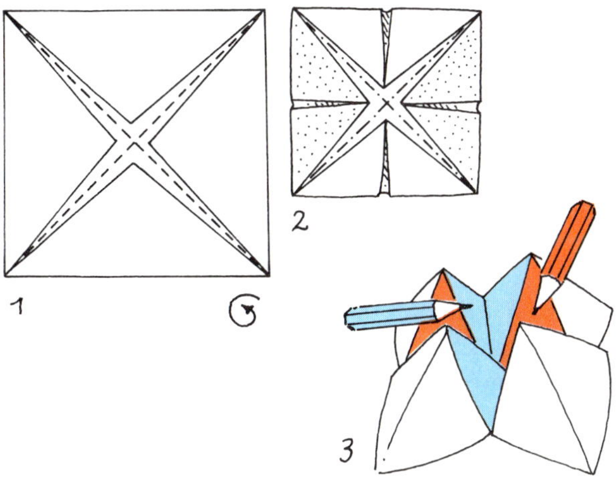

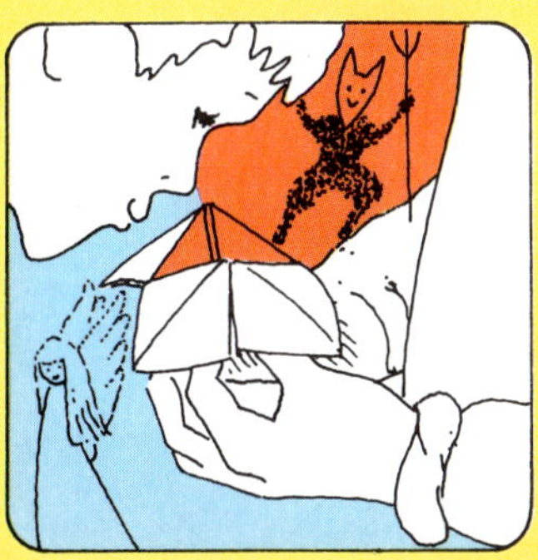

Spielregel

Himmel und Hölle spielst du mindestens zu zweit. Einer nennt eine Zahl zwischen 1 und 20. Dann werden abwechselnd Himmel und Hölle geöffnet, und zwar so lange, bis die genannte Zahl erreicht ist. Was bringt die gewünschte Zahl: Himmel oder Hölle...?

Fangbecher

So entsteht ein Fangbecher:

1.+2. Zwei genüberliegende Ecken genau aufeinanderlegen: Aus dem Quadrat entsteht ein Dreieck.

3. Die linke untere Ecke zum Punkt* falten.

4. Die rechte untere Ecke zum Punkt* falten.

5.+6. Eines der Dreiecke oben nach vorne und eines nach hinten falten.

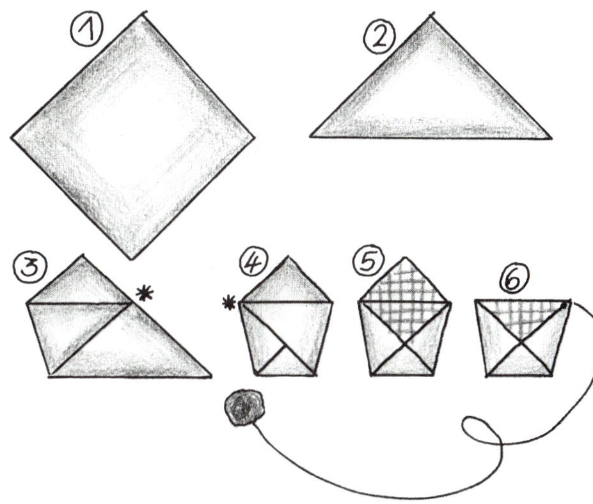

Rolle etwas Alufolie zu einer Kugel oder nimm eine Holzperle. Knote ein Stück Garn daran fest. Das andere Ende befestigst du mit Hilfe einer Nadel am Rand des Bechers.

Jeder Fang mit dem Becher ergibt einen Punkt. Wer von euch ist der Geschickteste?

Schiffchen

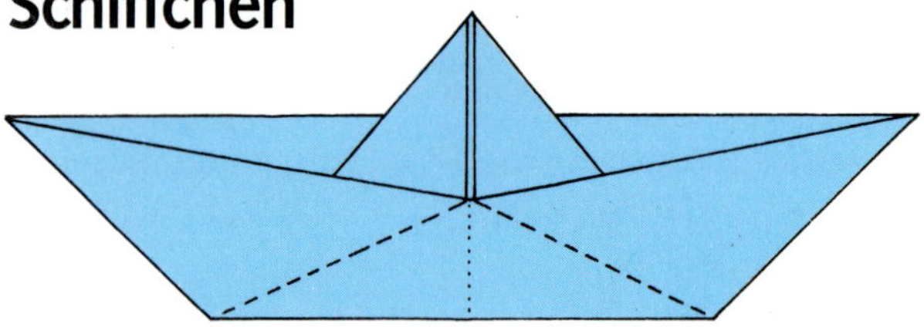

Das Schiffchen kannst du aus dünnem Tonpapier, Zeitungspapier oder Briefpapier basteln. Das Papier wird der Länge nach zur Mitte gefaltet (1). Lege die oberen Ecken zur Mittellinie (2). Die übriggebliebene Kante wird hochgeschlagen, die überstehenden Ecken auf die andere Seite geknickt. Drehe das Dreieck um und falte auch die andere Kante um (3+4). Von unten öffnest du den „Hut", drehst ihn und legst ihn wieder hin, so daß ein Quadrat entsteht (5). Jetzt faltest du die untere Spitze an die obere; umdrehen, und das gleiche auf der anderen Seite wiederholen (6+7). Wieder öffnest du das entstandene Dreieck von unten, drehst es und legst es so hin, daß ein Quadrat entsteht (8).

Nun ziehst du die oberen Spitzen auseinander: Dein Schiff ist fertig! Damit es gut steht und schwimmt, mußt du es unten noch etwas auseinanderziehen.

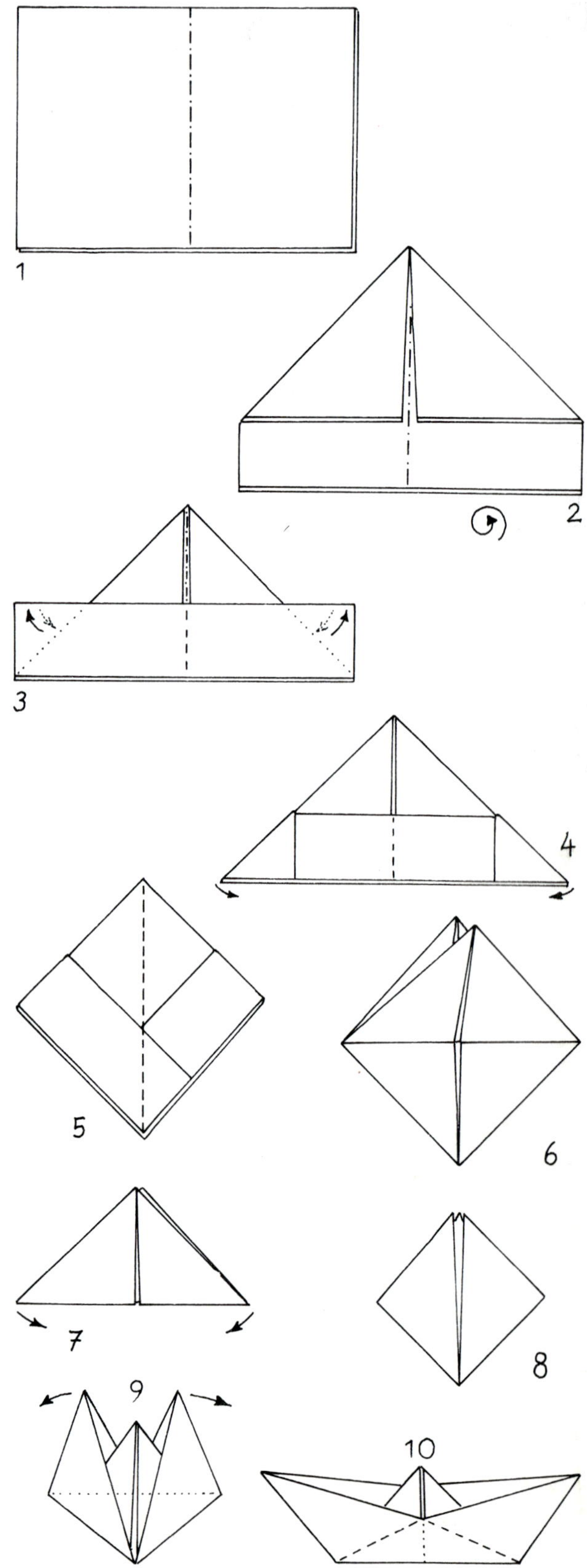

Dampfer

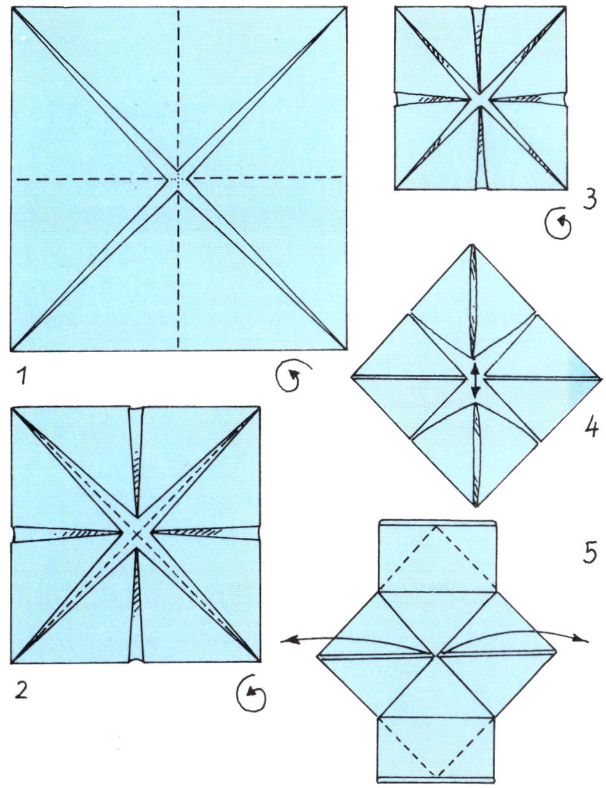

Du brauchst ein Papier, das 15 x 15 cm groß ist, und etwas Watte für den Rauch. Falte es so, wie du es auf den Zeichnungen 1+2 siehst. Das Quadrat wird nochmals umgedreht und wieder werden die Ecken zur Mitte gefaltet (3). Wieder umdrehen. Jetzt kannst du die zwei gegenüberliegenden Vierecke nach außen ziehen, öffnen: Die Schornsteine sind fertig (4+5). Ziehe die inneren Ecken der beiden anderen Vierecke schräg nach außen, und schon steht dein Dampfer!

Papierflieger

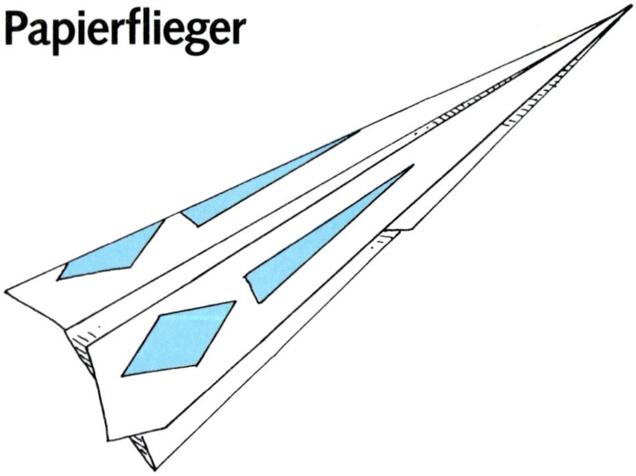

Deltaflieger
Falte einen Bogen Briefpapier der Länge nach einmal in der Mitte (1). An einem Ende werden die beiden Ecken zur Mitte hin gefaltet (2). Diese beiden Dreiecke faltest du wieder zur Mitte hin (3). Das gleiche wiederholst du noch mal (4). Drehe den gefalteten Flieger um. Nachdem du die Mittellinie umbrochen hast, drückst du die Flügel gegeneinander. Jetzt kannst du den Flieger am Rumpf fassen und die Flügel geradestellen.

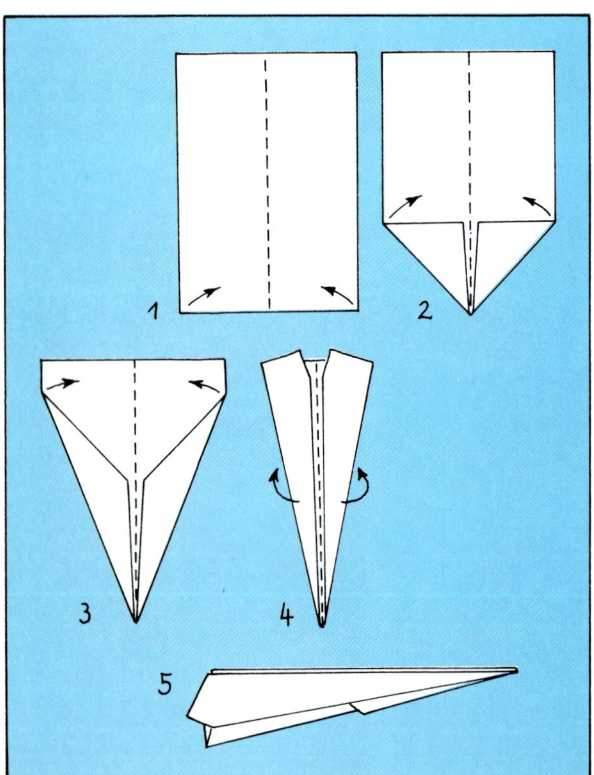

Schwalbe
– schwierig, aber fliegt sehr gut!

Teile einen Briefbogen in ein Quadrat, schneide den Reststreifen ab (1) und falte ihn der Länge nach.

Das Quadrat knickst du nun jeweils zur Mitte und diagonal (2). Falte daraus eine Dreiecksform, bei der alle Mittelfalten beieinanderliegen (3). Die beiden unteren Spitzen werden zur Mitte oben geknickt (4).

Die Faltvorgänge 5–8 ergeben die beiden kleinen Spitzen, die Abb. 9 zeigt. Der Papierstreifen wird an einem Ende zu einer Spitze gefaltet und bis ganz vorne in das Dreieck eingeschoben (9). Dann knickt man vorne die Spitze bis zu den beiden kleinen Spitzen (10) und seitlich die Tragflächen ab (11).

Nun solltest du nur noch die Mittelfalte des langen Teils verstärken und – wenn du magst – den Flieger bunt verzieren (12). Guten Flug!

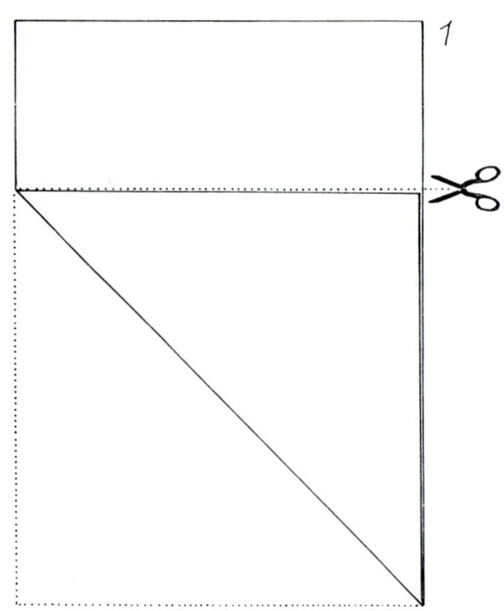

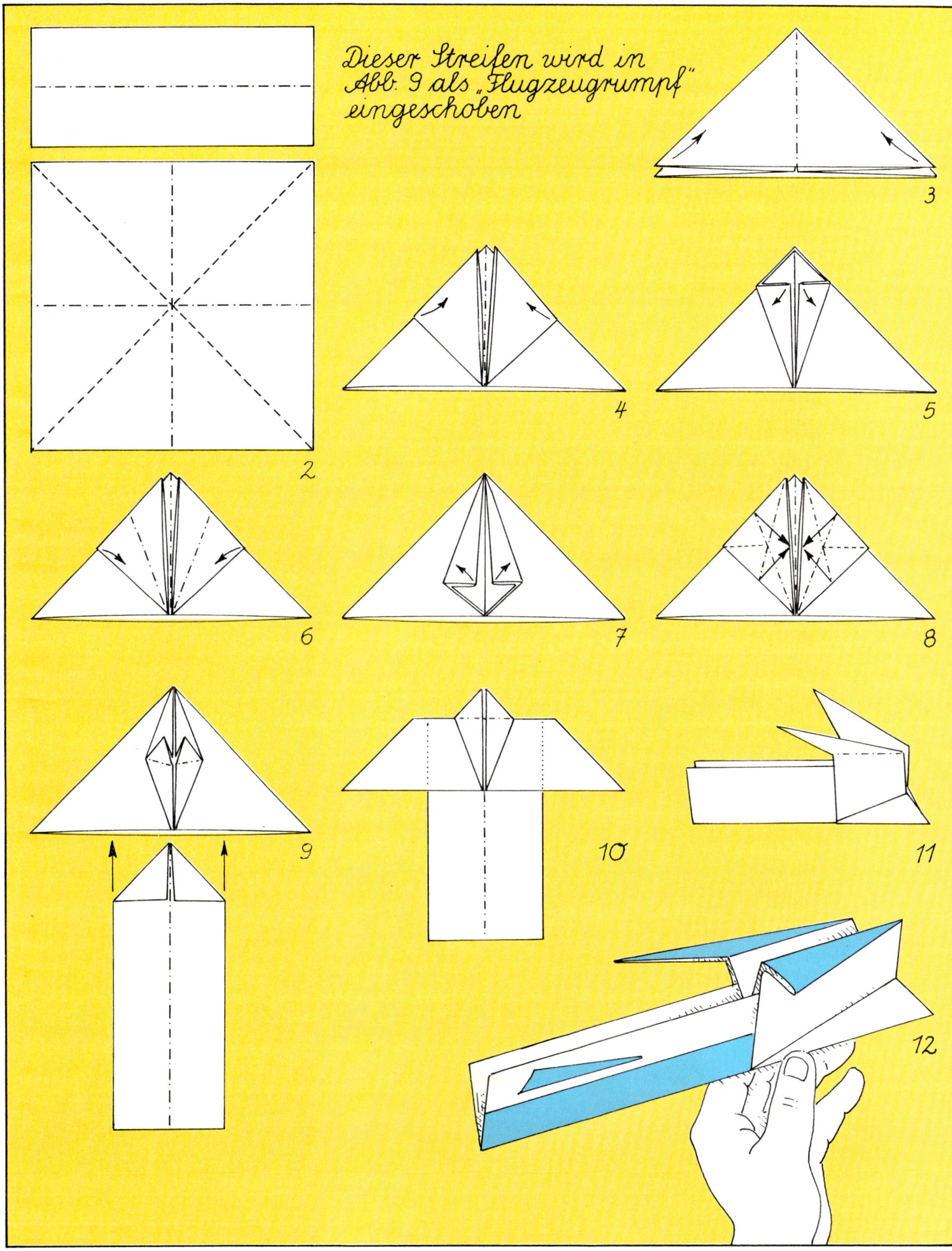
Dieser Streifen wird in Abb. 9 als „Flugzeugrumpf" eingeschoben
2
3
4
5
6
7
8
9
10
11
12

Wir feiern eine Kinderparty

Vielleicht hast du bald Geburtstag
oder möchtest demnächst mit deinen Freunden
ein Sommerfest feiern...

Überleg mal, was du bis dahin alles brauchst:
eine liebe Einladung für jeden,
tolle Tischkarten oder
bunte Dekorationen für drinnen und draußen,
lustige Hüte oder Pappnasen...

Wenn du bald mit deiner Familie
einen Bastelnachmittag veranstaltest,
ist bis zum Fest bestimmt alles fertig!

Übrigens: Lustige Spielideen findest du
ab Seite 105.

Der Clown lädt ein

Dünner weißer Karton
Butterbrotpapier
Filzstifte oder
Wasserfarben
Schere
farbiges Band

Zu einem fröhlichen Geburtstagsfest gehört natürlich auch eine lustige Einladung. Gefällt dir dieser Clown? Er läßt sich ganz einfach basteln.

Das Schildchen an seinem Hut ist als Antwortkärtchen gedacht. Jeder, der es dir zurückgibt, wird zu deiner Feier kommen.

Nach diesem Muster hier kannst du den Clown abpausen und auf den Karton übertragen. Wie man das macht, wird in der Einleitung (Seite 7) erklärt.

Nun schneide die Figur aus und male Vorder- und Rückseite bunt an. Für die Hose nimmst du am besten eine helle Farbe, damit dein Einladungstext nachher gut zu lesen ist.

Ist der Clown fertig, wird noch das Antwortkärtchen ausgeschnitten, bemalt und beschriftet und mit dem Band am Clownhut befestigt. Magst du dir jetzt ein paar andere Figuren ausdenken?

Puppen-Reigen

Farbiges Papier
Butterbrotpapier
Briefkarten
Schere
UHU-Klebstoff

Mit diesem Puppen-Reigen läßt sich eine andere schöne Einladungskarte basteln. Wenn dir die beiden Muster gefallen, kannst du sie als Vorlage nehmen.

Das farbige Papier für die Püppchen ist 16 cm lang und 7 cm hoch. Falte es dreimal so, wie du es auf den Zeichnungen 1–4 (Seite 23) siehst.
Dann pause ein Muster ab, übertrage es auf das gefaltete Papier und schneide es aus.
Vorsichtig wieder auseinanderfalten und auf eine

Briefkarte oder farbiges Papier (in gleicher Größe) kleben.
Nun noch deinen Text daraufschreiben – und schon ist die Einladung fertig!

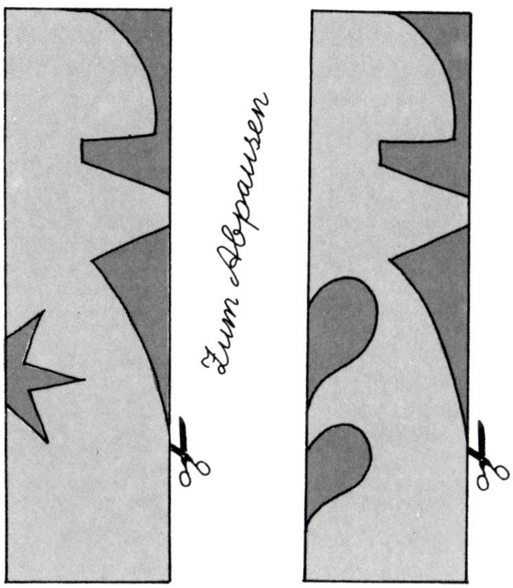

Wer segelt mit?

Ahoi – auf geht's zur Geburtstagsfeier! Über diese hübsche Einladung freut sich sicher jeder. Und sie ist kinderleicht zu basteln.

Schneide aus dem farbigen Papier Quadrate, die 15 x 15 cm, oder für ein größeres Schiffchen 20 x 20 cm, groß sind. Wenn dein Papier nur auf einer Seite bunt ist, klebe zwei Quadrate gegeneinander.

Jetzt faltest du genau nach den Zeichnungen 1 – 7, und schon hast du ein schnittiges Segelschiffchen. Zum Schluß schreibe noch die Einladung darauf und klebe ein Fähnchen für die Antwort an die Segelspitze.

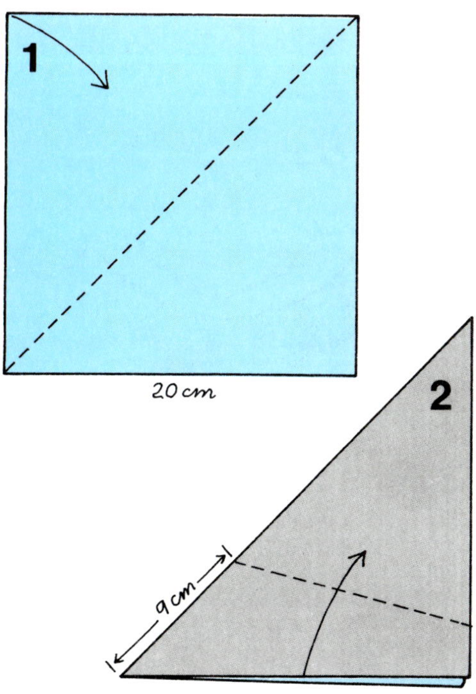

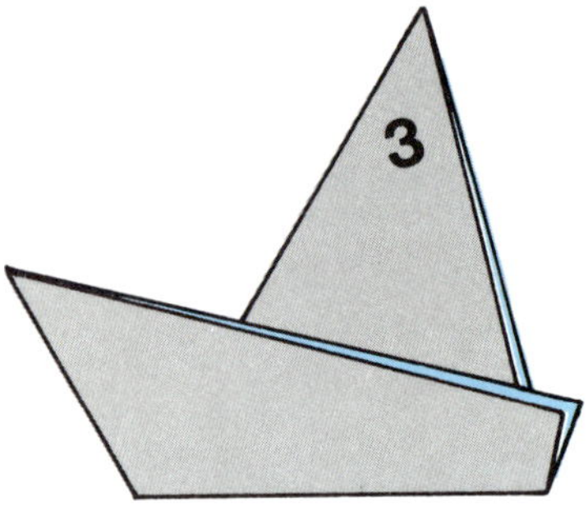

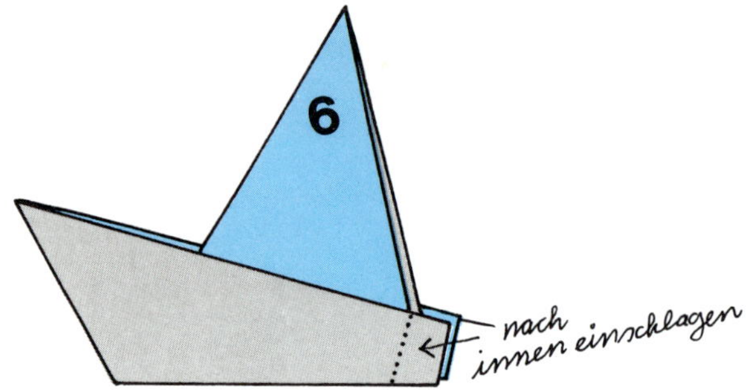

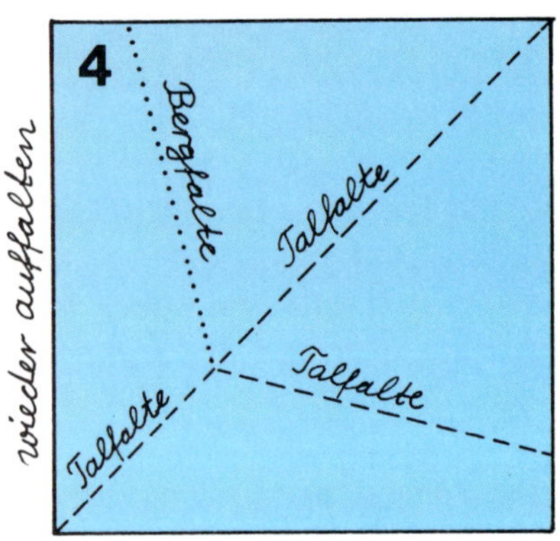

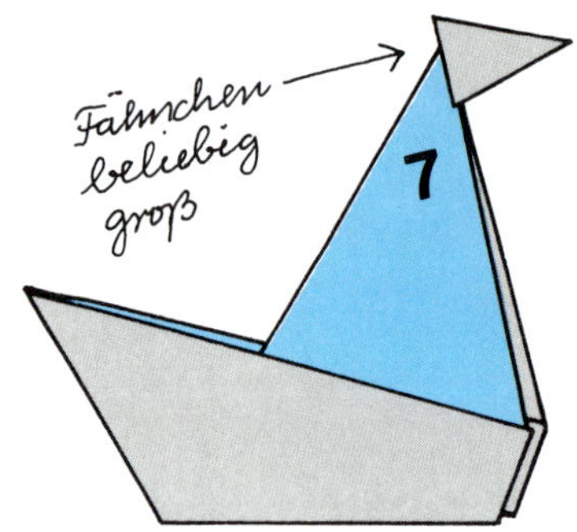

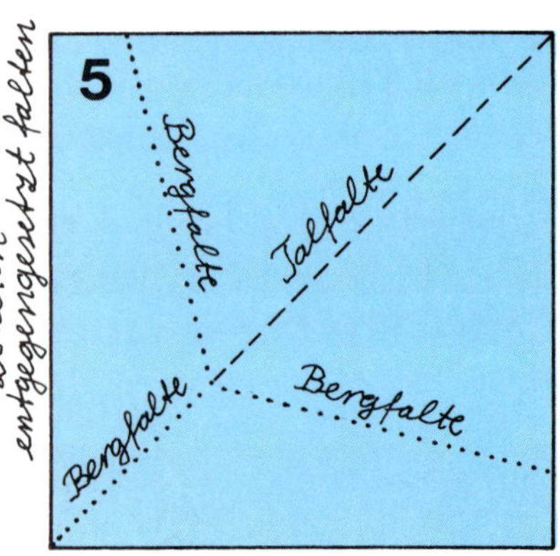

Segelregatta:
Auf einer glatten Tischplatte wird eine Start- und eine Ziellinie markiert. Alle Schiffchen sammeln sich an der Startlinie. Auf „los!" bläst jeder in sein Segel und versucht so, als erster das Boot über die Ziellinie zu bringen.

PARTY

Eine lange Einladungskarte

Du überträgst als erstes den Seelöwen auf graues Tonpapier. Augen, Schnauze und Flossen malst du mit einem schwarzen Filzstift auf.
Für die Bälle faltest du einen Streifen Tonpapier sechsmal im Zickzack.
Nun kannst du alle Kreise mit einem Schnitt (an den Faltseiten etwa 2 cm zusammenhängen lassen) ausschneiden.
Wenn du möchtest, beklebe die Kreise noch mit andersfarbigen Streifen oder bemale sie und schreibe dann deinen Einladungstext darauf.

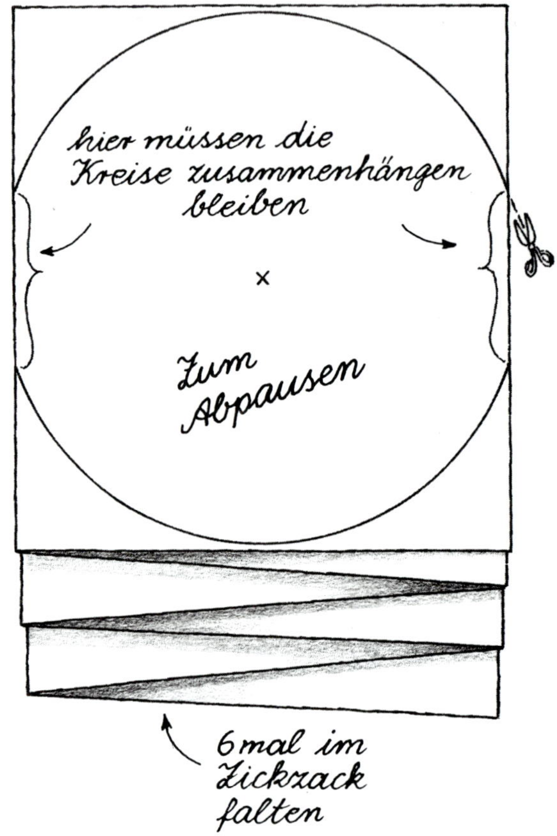

Buchstaben auf der Leine

Farbiges Papier
feste Pappe
Butterbrotpapier
feste Schnur, Schere
UHU-Klebstoff

Es wäre toll, wenn du deine Freunde mit solch einer Buchstabenkette empfangen könntest! Suche dir alles schöne Papier zusammen, das du im Haus finden kannst.
Zunächst schneide etliche Papierstreifen zu, die 19 x 7,5 cm groß sind. (Am besten fertigst du dir dazu eine entsprechend große Pappschablone an, um die kannst du mit dem Bleistift herumfahren.) Falte alle zugeschnittenen Streifen einmal in der Mitte, damit du die Buchstaben später über die Leine hängen kannst.

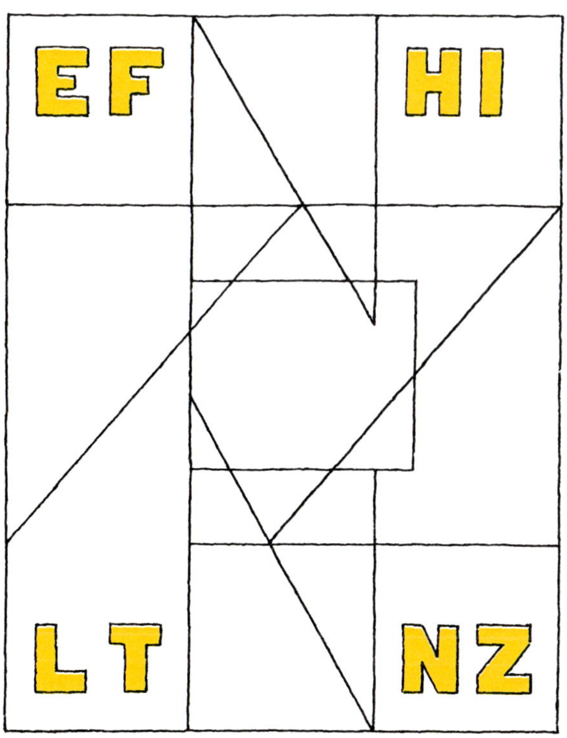

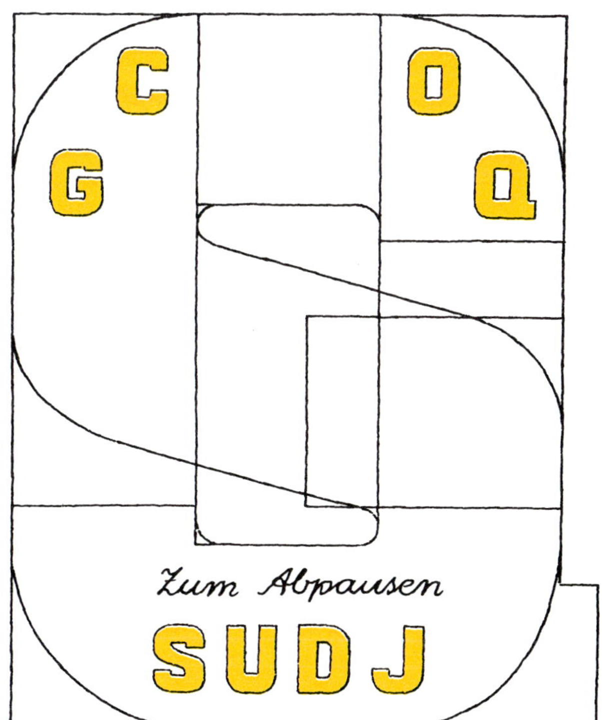

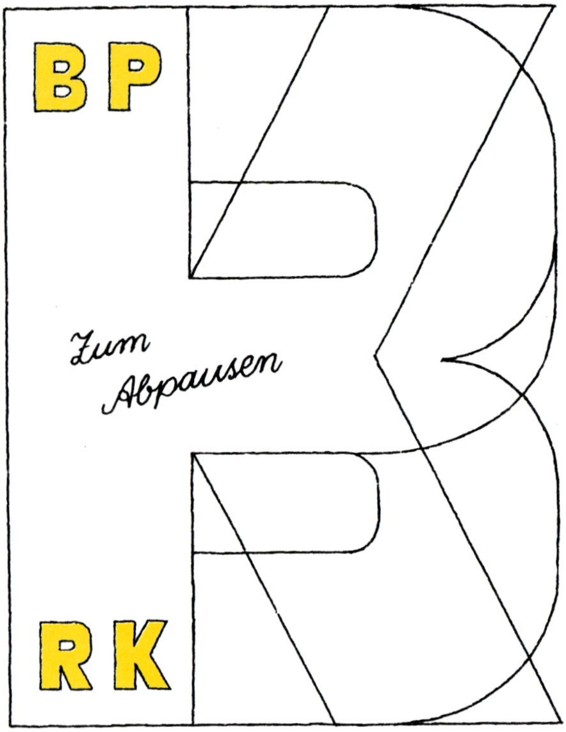

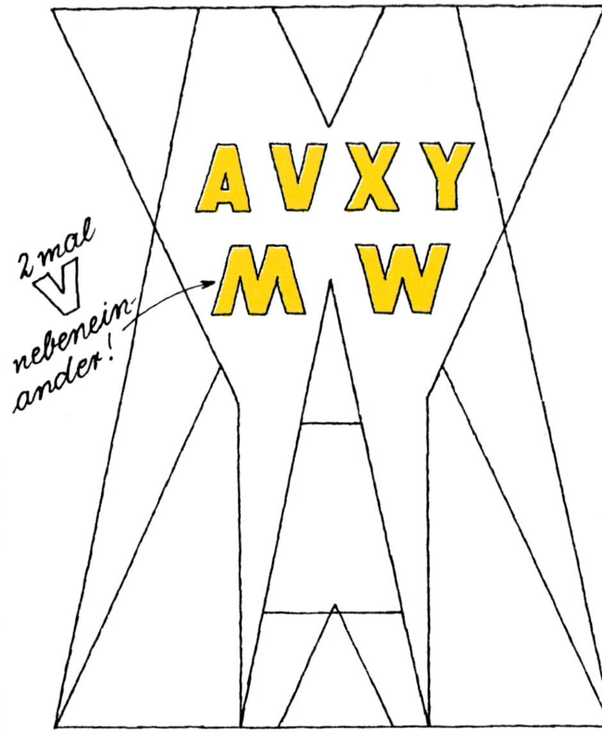

Als nächstes überträgst du die Buchstaben, die du für deine Kette benötigst, von den „Schnittmustern" auf die Papierstreifen. Die Buchstaben, die sich jeweils in einem Schnittmuster verstecken, sind gelb dargestellt. Wenn du ein M oder W brauchst, bereitest du einen 12,5 cm breiten Streifen vor und paust dann zweimal ein V ab.

Wörterspiel

Für dieses Spiel benötigst du viele Buchstaben. Die, die du für deine Buchstabenkette schon gebastelt hast, vervollständigst du nun.
Wenn es dir zu lange dauert, all die Buchstaben auszuschneiden, kannst du aber auch folgendes machen: Du schneidest aus Zeitschriften Buchstaben aus und klebst sie auf einmal gefaltete Papierzettel. Die Pappschablone von den Buchstaben gibt dir die Zettelgröße vor. So hast du deine Buchstaben viel schneller gemacht und kannst sie auch über die Leine hängen.

Die Spielregel:
Zuerst eine lange Schnur spannen. Das geht draußen natürlich besser, dann aber Klammern zum Feststecken der Buchstaben bereitlegen!
Jeder Mitspieler zieht sich mit geschlossenen Augen 5 Buchstaben aus einer großen Kiste. Einer fängt an, seine Buchstaben als Wort auf die Leine zu hängen. Der nächste kann nun ein neues Wort hängen oder er verändert das vorherige Wort durch Anfügen von Buchstaben. Wer kein Wort bilden kann, setzt einmal aus. Nach jeder Runde wird ein neuer Buchstabe aus der Kiste gezogen (egal, ob man Buchstaben aufhängen konnte oder aussetzen mußte).

Wer zuerst alle seine Buchstaben auf die Leine hängen konnte, hat gewonnen.

Eine Tüte voll Hüte

Pappteller
farbige Trinkhalme
Kreppapier
Plakafarbe
Gummifaden
Klebefilm oder
Klammerapparat, Schere
UHU-Klebstoff

Wenn du weißt, wie viele Gäste zu deiner Party kommen, kannst du doch für jeden eine lustige Kopfbedeckung basteln.

Wie das geht, siehst du auf Seite 30.
Für einen Hut brauchst du einen farbigen Pappteller, aus dem du ungefähr ein Viertel herausschneidest. Forme den Pappteller zu einem Kegel und klebe die übereinandergelegten Enden mit Klebefilm zusammen. (Noch besser ist es, wenn du die Enden mit einem Klammerapparat festheftest.) Hast du weiße Pappteller, bemalst du sie außen mit bunten Plakafarben. Diese Farbe haftet gut und ist wasserfest.

Jedem Hut gibst du nun eine andere Verzierung: Beim Hut mit den drei Strohhalmen werden die Strohhalme einfach am Hut festgeklebt. Über die Klebestelle kommt noch eine gefranste Verzierung aus Kreppapier.
Wie eine farbige Bommel gemacht wird, zeigt die Zeichnung.
Die farbigen Kreppapierbänder werden genauso an einem Ende zusammengeklebt und dann in die Hutspitze gesteckt und verklebt, wie es beim Hut mit der Bommel der Fall ist.
Damit ihr die Hüte nicht verliert, stichst du in jeden Hut zwei Löcher, durch die du einen Gummifaden ziehst.

Dein Trinkhalm blüht!

Farbiges Papier
Zahnstocher
Trinkhalme
Schere
UHU-Klebstoff

Ein Geburtstag ohne Blumen – das ist doch nicht schön! Wie wäre es, wenn du sie einmal selber bastelst? Du kannst damit deinen Geburtstagstisch schmücken, und jeder darf am Ende des Festes eine Blume mit nach Hause nehmen.
Für die großen Blütenblätter nimmst du zwei 9x9 cm große Quadrate, für die kleinen zwei 6x6 cm große. Falte das Papier, wie es die Zeichnungen 1–4 zeigen.

Die Rundungen kannst du abpausen (Zeichnungen 5+6) und auf das gefaltete Papier übertragen.

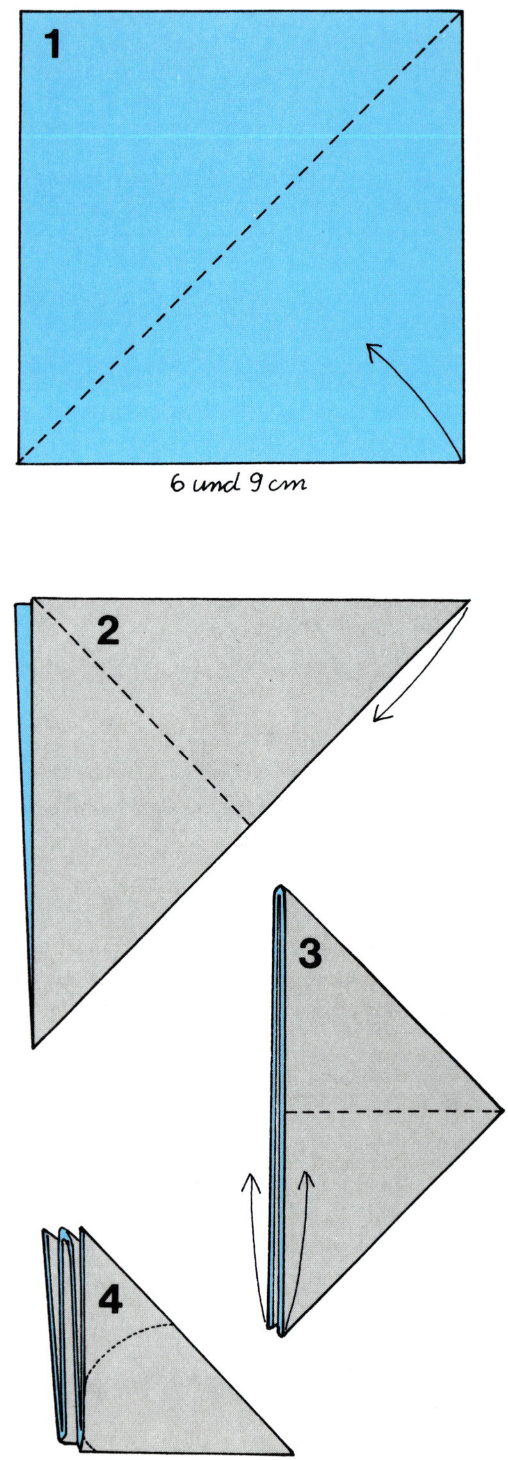

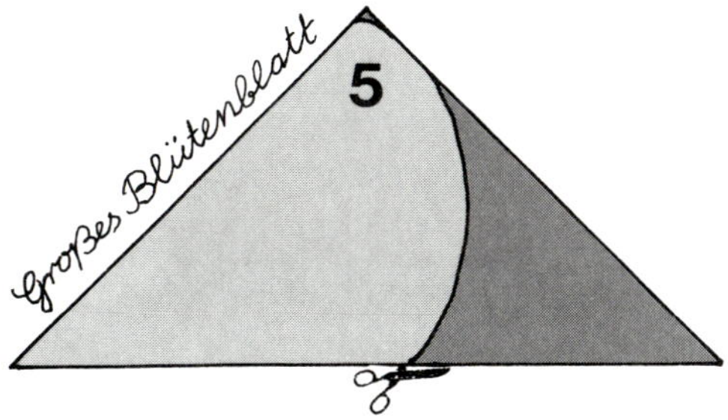

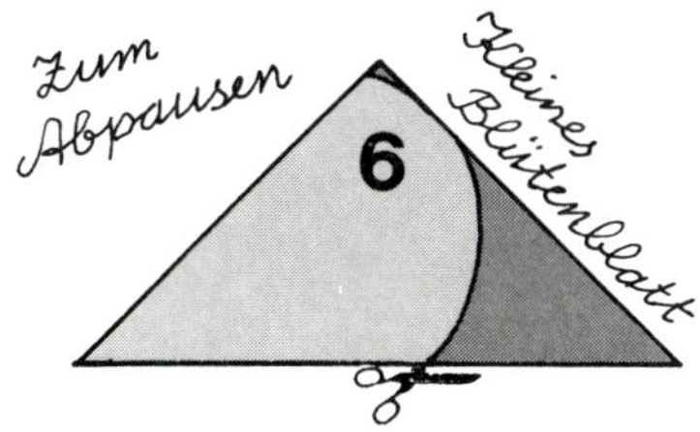

Danach werden sie abgeschnitten.
Nun wird das kleine Blütenblatt auf das große geklebt und in die Mitte ein großer Farbpunkt gesetzt. Dies machst du für jede Blume zweimal.

Wenn du die beiden Blüten gegeneinanderklebst, lege einen Zahnstocher so dazwischen, daß noch 5 cm davon herausschauen. Deine Blume hat jetzt einen Stiel, den du in den Trinkhalm steckst.

Lustige Trinkgesellen

Große weiße Plastikbecher
Eierschachteln aus Pappe
Buntpapier
Gummifaden
Wasserfarben
Schere
UHU-Klebstoff

Diesmal haben deine Geburtstagsbecher Gesichter, deren Nasen man abnehmen und sich aufsetzen kann.
Schneide dazu aus Eierschachteln die einzelnen Mulden heraus. Male sie bunt an und steche zwei

Löcher hinein (Zeichnung 2). Durch diese fädelst du einen 40 cm langen Gummifaden und verknotest ihn (Zeichnung 3).

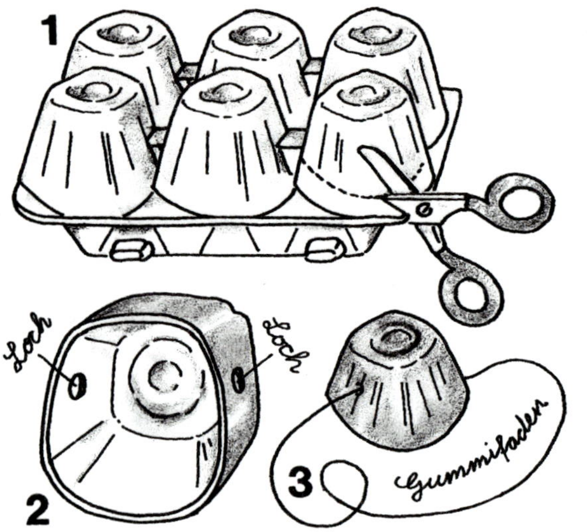

Die fertigen Pappnasen werden nun den Bechern „aufgesetzt". Kannst du dir Gesichter dazu vorstellen? Dann schneide noch Augen und Mund aus dem Buntpapier und klebe sie auf.
Sieht das nicht lustig aus?

Tischkarten zum Aufessen

300 g Mehl
1/2 Teelöffel Salz
180 g Butter
200 g Zucker
1 großes Ei
1 Eigelb
Rosinen
Zuckerperlen oder
Haselnüsse

Wenn du weißt, wer zu deinem Geburtstag kommt, kannst du für jeden den Anfangsbuchstaben seines Namens backen. Die hier angegebene Teigmenge reicht für ungefähr 15 Buchstaben, die etwa 10 cm hoch sind.

Butter und Zucker werden schaumiggerührt, dann gib das Ei dazu. Zu dieser Masse kommt löffelweise das gesiebte Mehl und das Salz hinzu. Dann verrühre das Ganze zu einem Teig.
Aus dem Teig machst du nun fingerdicke Würstchen und formst daraus die Buchstaben. Besonders schön sieht es aus, wenn du die Buchstaben noch mit Rosinen, Zuckerperlen oder Haselnüssen garnierst. Dazu mußt du den geformten Teig mit Eigelb bestreichen, bevor die Verzierung darauf gedrückt wird.
Die Buchstaben müssen bei 200 Grad ungefähr 10 Minuten backen.
Wenn du deinen Geburtstagstisch deckst, legst du jedem Kind seinen Buchstaben an seinen Platz.

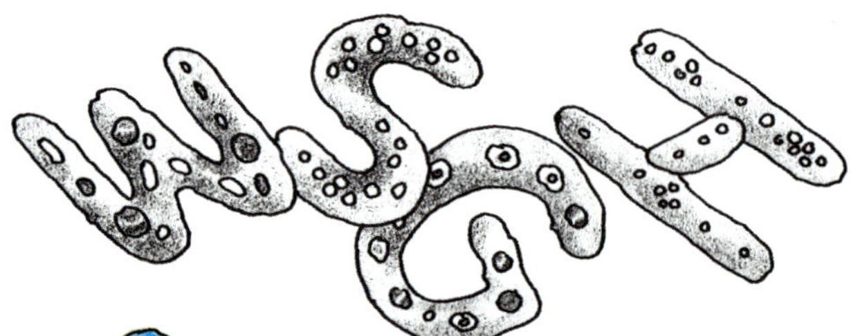

Lustig ist es auch, wenn du anstatt Tischkarten an jedem Stuhlbein einen Wollfaden in einer anderen Farbe befestigst. Die Fäden reichen bis zur Eingangstür. Jedes Kind, das ankommt, sucht sich einen Faden aus und wickelt ihn auf bis zu seinem Stuhl…

Ingo

Schlecker-Schnecke

Farbiges Tonpapier
leere Streichholz-schachteln
schwarzer Filzstift
Butterbrotpapier
Schere, UHU-Klebstoff

Für diese lustigen Schlecker-Schnecken brauchst du nur die Hülsen der leeren Streichholzschachteln.

Eine Öffnung klebst du mit einem Stück Papier zu. Dann beklebe die Hülse mit dem Streifen für das Schneckengehäuse, den du von unten abpausen und auf Tonpapier übertragen kannst.
Zeichne die Windungen vor dem Bekleben mit Filzstift nach.
Anschließend paust du den Schneckenkörper ab, überträgst ihn zweimal auf Tonpapier und klebst beide Teile rechts und links an der Hülse fest. Achte auf die Markierungspunkte!
Bestreiche ein „Schwanzende" von innen mit Klebstoff und drücke beide Teile zusammen. Dasselbe machst du mit den Kopfteilen. Die Schnecke muß die Streichholzschachtel ganz eng umschließen, dann kann sie nicht wackeln.

Zum Schluß klebst du noch die beiden Fühler an und füllst das Schneckengehäuse mit bunten Bonbons oder halbierten Salzstangen.

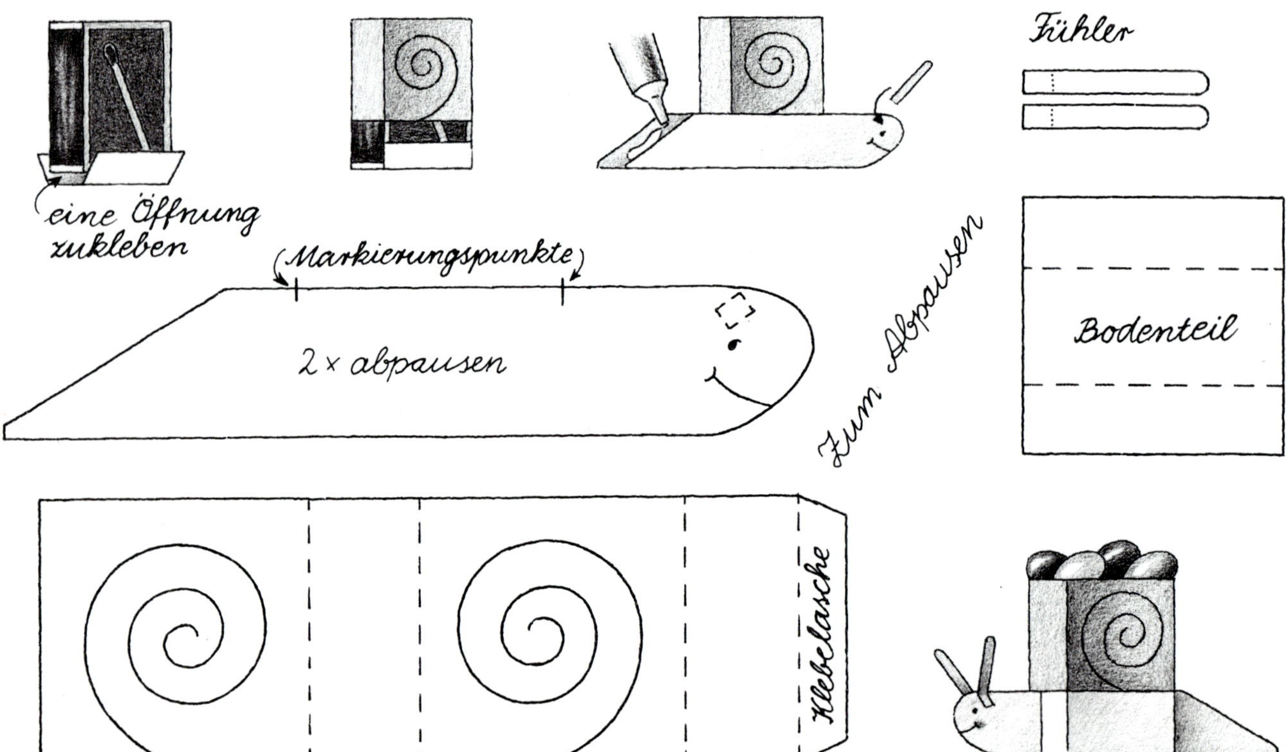

Ein Erinnerungsfoto

Gelbes, dünnes Tonpapier
Fotoabzüge
selbstklebende Sterne
Wolle, Konfetti
eingepackte Bonbons
Locher, Klebefilm
Schere

Sicher wird auf deiner Kinderparty auch fotografiert. Wie wäre es, wenn du deine Freunde nach dem Fest mit einem schönen gebastelten Erinnerungsfoto überraschst?
So wird's gemacht: In das Foto lochst du an der Oberseite zwei Löcher, durch die ein bunter Wollfaden gezogen und verknotet wird.

Dann pause das Entchen von unten ab und übertrage es auf das Tonpapier.
Schneide so viele Entchen aus, wie Kinder auf dem Foto abgebildet sind.
Du kannst mehrere Entchen auf einmal ausschneiden, wenn du das Tonpapier mehrmals faltest.

Durch die Augenlöcher ziehst du auch einen Wollfaden und verknotest ihn. Das andere Ende des Fadens klebst du jeweils an der Fotorückseite mit Klebefilm fest.

Hänge ein Entchen mal höher, ein anderes mal niedriger auf, das sieht lustiger aus. Auf die Entchen schreibst du die Namen der Kinder, die auf dem Foto zu sehen sind. Du kannst auch noch Bonbons dazuhängen.
Diese Party-Überraschung hängt sich sicher jeder gern als Erinnerung in sein Zimmer!

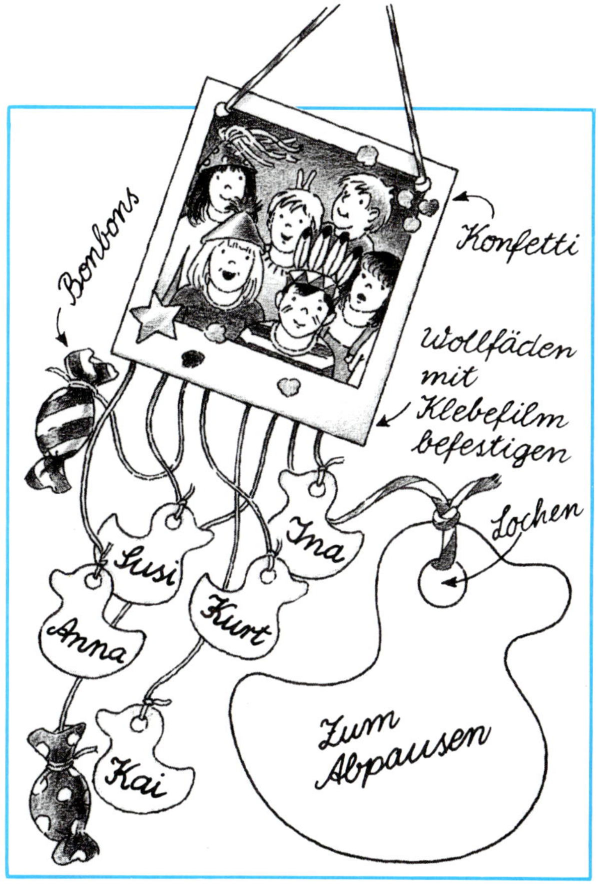

Ich mach mich schön!

Kinderschmuck zum Selberbasteln

Unglaublich, was in deiner eigenen Schmuckwerkstatt alles entsteht: Ketten und Armbänder aus Korken, bunten Knoten und Perlen aller Art, Zopfkugeln für dein langes Haar oder poppige Ohrringe mit den verschiedensten Anhängern… Zum großen Gartenfest kannst du dich mit einer Korallenkette, einem Blütenkranz oder einer Blätterkrone schmücken. Und auf Seite 53 findest du noch einen bunten Schmetterling zum Anstecken.

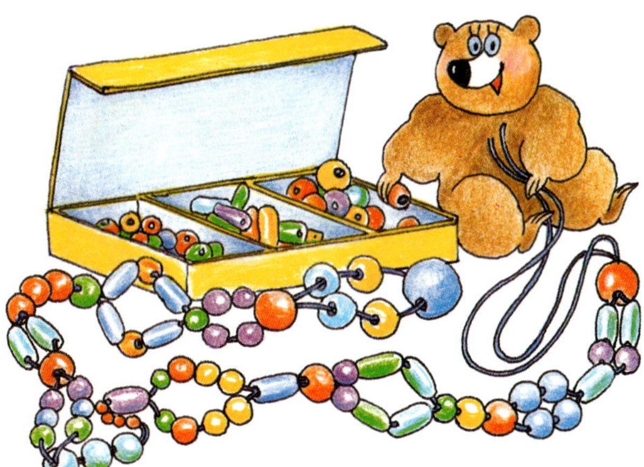

Erst sammeln, dann fädeln

Ahornfrüchte
Hagebutten
verschiedene Obstkerne
Sonnenblumenkerne
kleine, dünne Aststücke
Sternzwirn
Perlgarn
Wasserfarben, Klarlack

Schmuck – das muß nicht immer Gold und Silber sein! Wenn du mit offenen Augen durch die Natur gehst, wirst du so manches finden, woraus du dir wunderschöne Ketten und Armbänder machen kannst.

Zum Beispiel aus **Ahornfrüchten.** Im Herbst fallen sie vom Baum herunter und wirbeln dabei wie Propeller. Jede Frucht besteht aus zwei zusammengewachsenen „Flügelchen". Für deine Kette brauchst du sie einzeln, brich also die Frucht in zwei Teile. Dann fädelst du ein Flügelchen nach dem anderen so auf, daß alle in eine Richtung zeigen. Dabei stichst du durch das dicke Ende der Frucht (Zeichnung unten). Wenn deine Kette lang genug ist, verknote die Enden fest miteinander.

Aus **Hagebutten** enstehen wunderschöne „Perlenketten". Hagebutten sind die Früchte der Heckenrose. Sammle sie Ende des Sommers, solange sie noch frisch und weich sind. Beim Auffädeln ziehst du den Zwirnsfaden unterhalb der Fruchtblätter durch (Zeichnung unten). Ist die Kette lang genug, werden die Fadenenden miteinander verknotet.

Wenn du das nächste Mal Obst ißt, hebe die **Obstkerne** auf: Apfel-, Orangen-, Melonen-, aber auch Gurken- oder Kürbiskerne lassen sich gut zu Ketten auffädeln (Zeichnung unten). Auch die gestreiften **Sonnenblumenkerne** sehen hübsch aus. Lege sie vor dem Auffädeln in warmes Wasser, damit sie weich werden.

Eine **kleine Korallenkette** entsteht aus dünnen Aststückchen, die rot angemalt werden. Wenn die Farbe trocken ist, überpinsle sie mit Klarlack und laß diesen ebenfalls gut trocknen. Dann wird mit Perlgarn Ästchen neben Ästchen geknotet (Zeichnung unten). Ist die Kette lang genug, werden die Fadenenden miteinander verknotet.

Korken-Kette

Mehrere Korken
Wasserfarben, Klarlack
dünnes farbiges Lederband
Perlgarn oder Sternzwirn
Stopfnadel, spitze Schere

Mit Korken kann man prima basteln, und für unseren selbstgemachten Schmuck können wir sie jetzt auch gut gebrauchen.

Zuerst müssen die Korken in viele dünne Scheiben geschnitten werden. Das geht am besten mit einem scharfen Sägemesser. (Laß dir dabei helfen!) Wenn du die Scheiben bunt anmalst, solltest du sie danach mit Klarlack bepinseln, damit die Farbe hält.

Nun werden die Scheiben zur Kette aufgefädelt: Entweder mit einer dicken Stopfnadel einen Faden durchziehen oder mit einer spitzen Schere vorsichtig ein Loch in die Scheibenmitte bohren und ein dünnes Lederband hindurchfädeln. Die Faden- oder Lederbandenden mußt du gut verknoten.

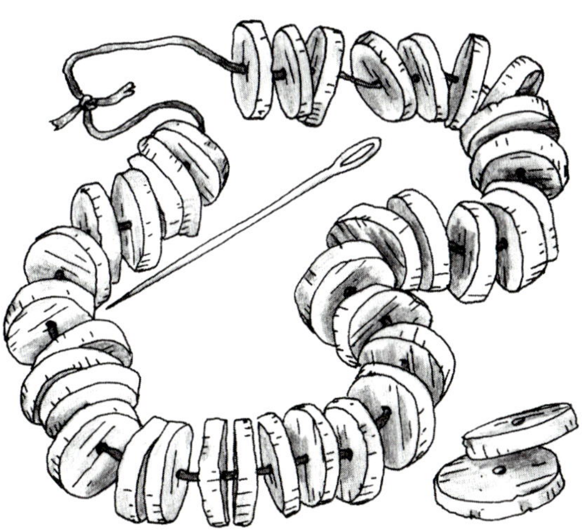

Perle an Perle

Holz- oder Glasperlen in verschiedenen Farben und Größen
Geschenkband
Gummifaden, Nähgarn

Natürlich gehören auch richtige **Perlenketten** in unsere Schmucksammlung. Wenn du erst einmal weißt, wie man Anfang und Ende der Kette macht und wie die Perlen aufgefädelt werden, dann kannst du selber andere Perlenmuster ausprobieren. Auf der nächsten Seite findest du vier verschiedene Muster zum Nachmachen.

Nimm ein langes Stück Gummifaden und fädle die ersten Perlen bis zur Mitte dieses Fadens auf (Zeichnung 1).

Dann werden beide Fadenenden gemeinsam durch eine Perle gezogen. Dadurch entsteht die erste Perlenschlinge (Zeichnung 2). Genauso wie diese müssen alle folgenden Perlenschlingen aussehen (Zeichnung auf der nächsten Seite).

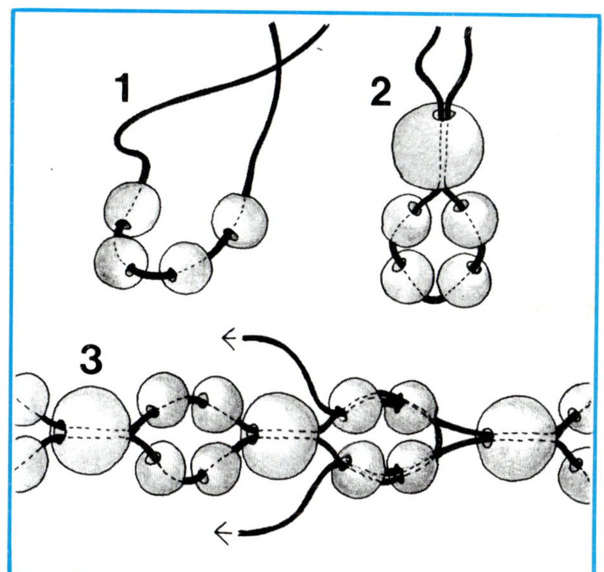

Achte also darauf, daß du die richtige Reihenfolge der einzelnen Perlengrößen und -farben einhältst. Wenn die Kette lang genug ist, ziehst du die beiden Fadenenden durch die letzten Perlen der ersten Perlenschlinge (Zeichnung 3 auf der vorhergehenden Seite). Verknote die Enden fest miteinander. Magst du nun noch die anderen Muster ausprobieren?

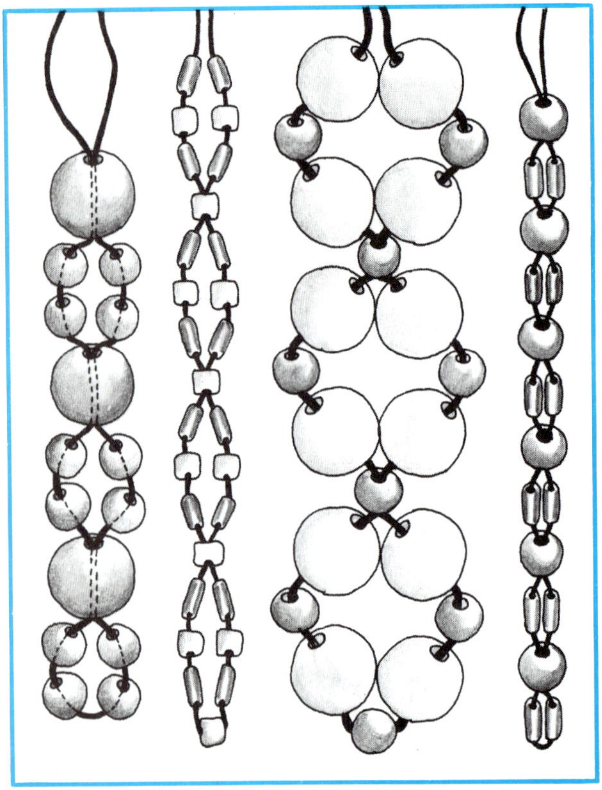

Ein Band und bunte Perlen – das gibt ein schönes **Perlenarmband.**

Das Geschenkband muß so lang sein, daß du es mit einer Schleife um dein Handgelenk binden kannst. Markiere mit zwei Stecknadeln das Stück, das du mit Perlen besticken willst. Die beiden Enden, die zur Schleife gebunden werden, bleiben frei (Zeichnung 1). Wenn du ein Muster machen möchtest, zeichne dir dieses dünn mit Kugelschreiber auf dem Band vor (Zeichnung 2). Dann werden die Perlen aufgenäht (Zeichnung 3). Zum Schluß den Faden gut vernähen.

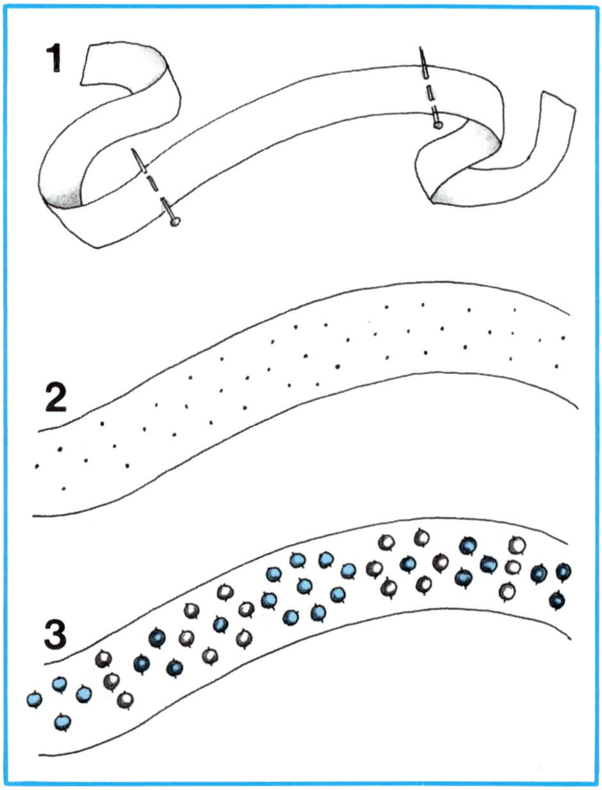

Bunte Knoten

Baumwollgarn und dicke Wolle in verschiedenen Farben
1 Sicherheitsnadel

Du brauchst zum Knoten mindestens 3 Fäden. Aus dicker Wolle kannst du zum Beispiel ein schönes Schlüsselband knoten. Die 3 Fäden müssen dazu etwa 70 cm lang sein. Mach damit nach etwa 5 cm einen Knoten. Diesen steckst du mit einer Sicherheitsnadel irgendwo fest.
Beim nun folgenden Knoten mußt du auf 4 Dinge achten: 1. immer die richtige Reihenfolge der Fäden und Farben einhalten; 2. immer mit dem linken Faden beginnen und mit ihm alle übrigen Fäden der Reihe nach zweimal umschlingen; 3. immer dieselben Schlingen machen und 4. immer den Faden straff gespannt halten, um den du die Schlinge machst.

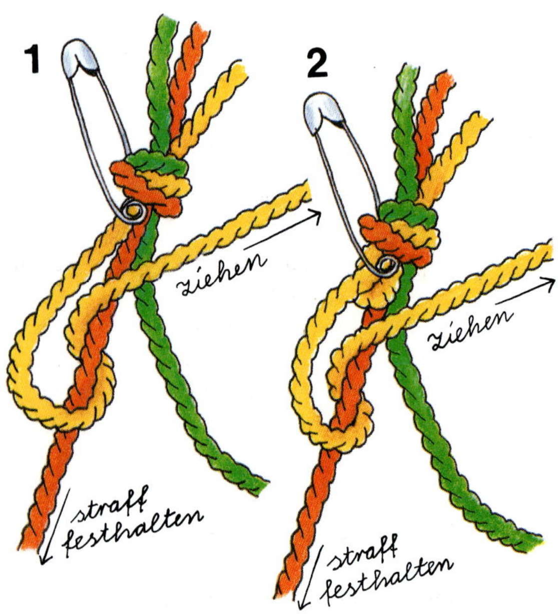

Auf diesen Zeichnungen (1 und 2) siehst du, wie geknotet wird: Den mittleren (roten) Faden in die linke Hand nehmen und straff anziehen. Mit dem gelben Faden eine Schlinge **darüber**legen, das Fadenende **von hinten** durchziehen und die Schlinge fest nach oben anziehen. Nun genau dasselbe noch einmal wiederholen.

Der rote Faden ist nun umschlungen, jetzt kommt der grüne an die Reihe: In die linke Hand nehmen und straff gespannt halten. Wieder mit dem gelben Faden eine Schlinge darüberlegen, das Fadenende von hinten durchziehen, fest nach oben anziehen und dasselbe wiederholen.
Nun liegt der rote Faden links außen, und mit ihm werden der Reihe nach der grüne und der gelbe umschlungen. Dann liegt der grüne Faden links außen und umschlingt den gelben und den roten und immer so fort, bis dein Band lang genug ist. Zum Schluß machst du mit den Fadenenden einen Knoten.
Auf dieselbe Weise kannst du mit beliebig vielen Fäden knoten. Je mehr Fäden du nimmst, desto länger müssen diese sein.

Blütenkranz

Gänseblümchen
Margeriten oder andere Wiesenblumen

Einen Blütenkranz auf dem Kopf, einen Ring aus Margeriten oder Gänseblümchen am Finger – so kannst du dich auf der Wiese schmücken…

Für den **Blütenkranz** brauchst du einige Blumen. Brich sie nicht zu kurz ab, damit du sie gut zusammenschlingen kannst. Wie das geht, siehst du auf der Zeichnung nebenan. Vergiß beim Flechten nicht, zwischendurch Maß zu nehmen.

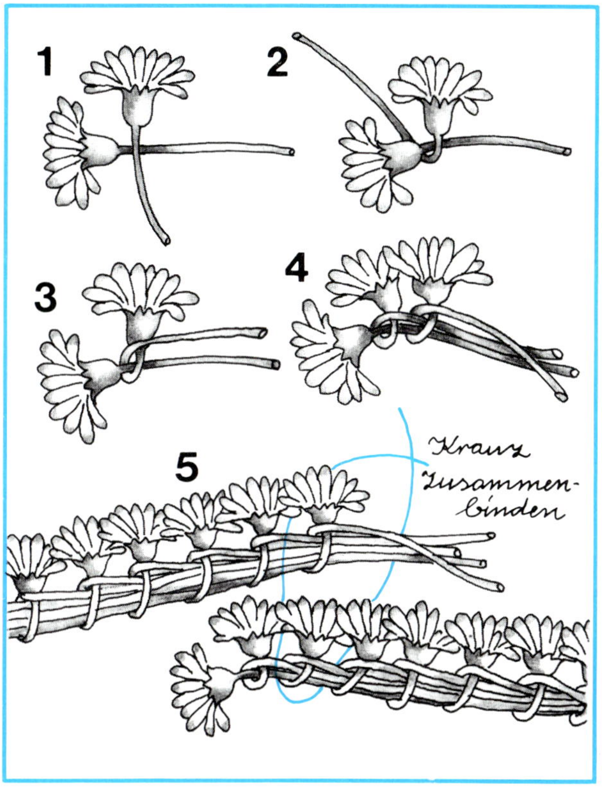

Der **Blüten-Fingerring** ist ganz einfach: Mit einem dünnen Ästchen wird von oben nach unten in das gelbe Körbchen einer Margerite gestochen. Durch dieses Loch wird nun der Stiel gesteckt, der Ring über einen Finger gestreift und mit dem Stielende fest angezogen. Zum Schluß noch den restlichen Stiel abknipsen – fertig ist der Fingerring.

Aus Efeu- oder Weinblättern kannst du dir wunderbare **Blätterkronen** machen.
Die Blätter werden zur Hälfte übereinandergelegt und dort mit sehr dünnen Ästchen zusammengesteckt (Zeichnung oben).
Wer ist der schönste „Weinkönig"?

Sie halten die Zöpfe…

Eine kleine Menge Ton oder Plastika
Zahnstocher
Wasserfarben, Klarlack
Hutgummifaden

…deine selbstgemachten Zopfkugeln.

Aus Ton oder Plastika formst du dir zuerst zwei oder vier gleich große Kugeln, je nachdem, ob du einen oder zwei Zöpfe trägst. Mit einem Zahnstocher wird durch jede Kugel ein Loch gebohrt

(Zeichnung 1). Das Loch muß so groß sein, daß der Gummifaden nachher gut hindurchpaßt. Die Kugeln müssen nun erst einmal trocknen.

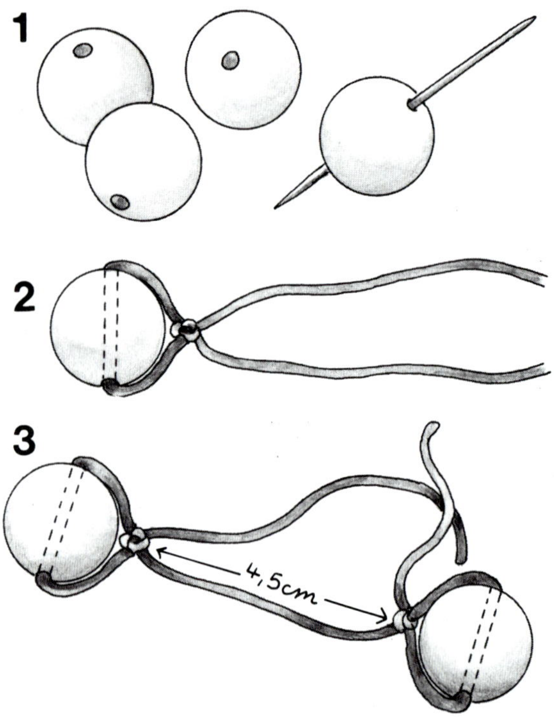

Dann werden sie bemalt und, wenn die Farbe trocken ist, mit Klarlack bepinselt.

Für einen Zopfhalter brauchst du ein 25 cm langes Stück Gummifaden. Auf die Mitte des Fadens wird eine Kugel gefädelt und mit einem Knoten festgehalten (Zeichnung 2). Dann fädelst du die zweite Kugel auf und knotest sie im Abstand von etwa 4,5 cm fest (Zeichnung 3). Zum Schluß werden die beiden Gummibandenden miteinander verknüpft.

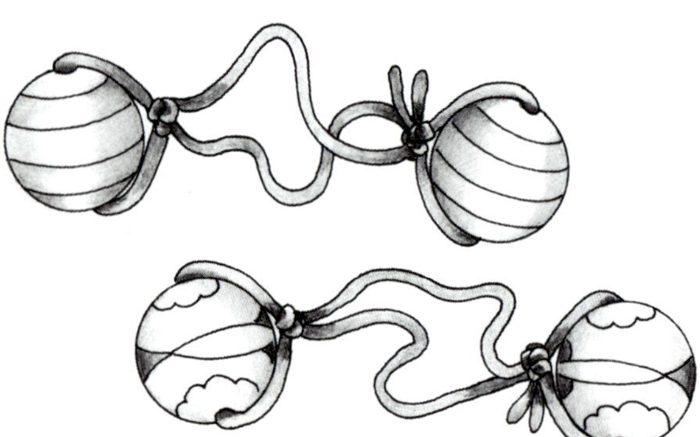

Ohrringe

Silberdraht (mittlere Stärke)
alte Schere

Um diese Ohrringe zu tragen, brauchst du kein Loch im Ohrläppchen: Sie halten nämlich wie Ohrclips! Du mußt nur darauf achten, daß die schmückenden Anhänger nicht zu schwer sind.

Schneide vom Silberdraht ein etwa 10 cm langes Stück ab. Zuerst wird das eine Ende zu einer Schnecke aufgedreht und dann, im Abstand von etwa 3 cm, das zweite Ende genauso (Zeichnung 1). Die beiden Drahtschnecken werden gegeneinandergedrückt (Zeichnung 2).

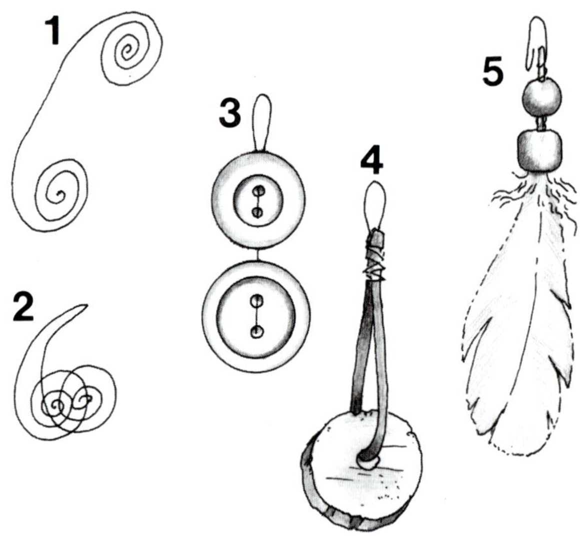

Der Clip ist nun fertig, es fehlen nur noch die Anhänger: Knöpfe, eine dünne Korkenscheibe (dann paßt der Ohrring zu deiner Korken-Kette), Metallfolien, Federn (Zeichnungen 3 – 6), bunte Plastikfolien (von Tragetaschen), Büroklammern, Papierperlen – das ist noch lange nicht alles, was du an dein Ohr hängen kannst.

Befestige die Anhänger mit Silberdraht am Ohrclip (Zeichnung 7).

Für die **Papierperlen** rollst du einen etwa 8 cm langen Papierkeil über einen Zahnstocher (Zeichnung 8). Klebe das Ende fest und bepinsle die „Perle" mit Klarlack.

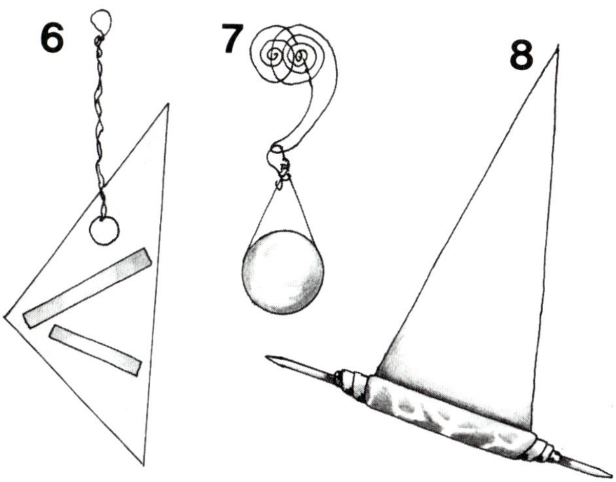

Verkleidete Fläschchen

Kleine Parfüm-Probeflaschen
bunte Filzreste
Stickgarn
UHU-Klebstoff

Sicher hast du auch schon einmal ein Parfüm-Probefläschchen geschenkt bekommen. Wenn du dazu ein kleines Beutelchen nähst, kannst du dir „deinen Duft um den Hals hängen"…

Schneide vom Filz ein etwa 7 x 5 cm großes Stück ab. Dieses wird einmal in der Mitte gefaltet und an drei Seiten mit überwendlichen Stichen umnäht, so daß daraus ein Beutelchen entsteht (Zeichnungen 1 – 3).

Das Beutelchen wird mit bunten Mustern aus Filz beklebt. Durch die offene Seite fädelst du in Auf- und Abstichen einen langen doppelten Faden (Zeichnung 4). Jetzt kannst du das Beutelchen zuziehen und umhängen.

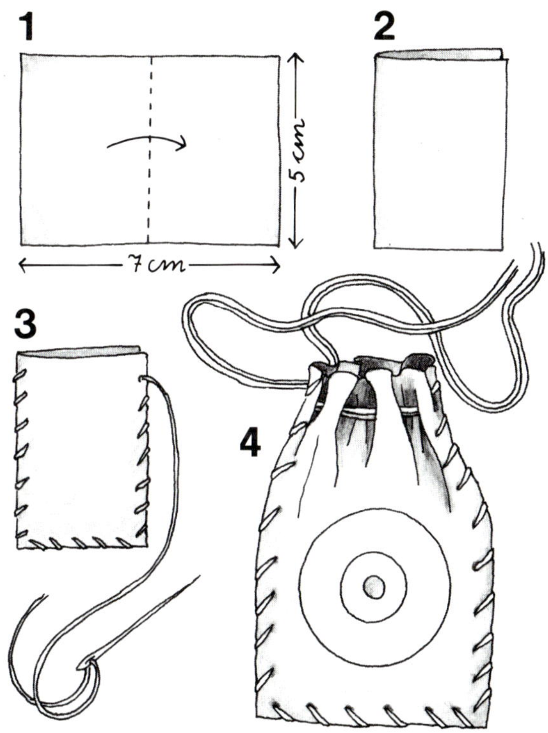

Bunte Osterbasteleien

Bald ist Ostern, und weißt du was:
Diesmal spielst du Osterhase!
Mit selbstgebastelten Sachen wirst du alle überraschen:
Für Mutti und Vati gibt es zum Osterfrühstück eine kleine Wiese voll mit Ostereiertieren,
deine Geschwister freuen sich bestimmt über die blühenden Eier,
Oma und Opa schickst du ein Zauber-Ei als Ostergruß, und
dein bester Freund bekommt einen Osterhasen.

Hasenversteck und Blumenkarte

Briefkarte
Butterbrotpapier
dünner weißer Karton
Schere, UHU-Klebstoff

In dieser Karte hat sich ein Hase versteckt. Wenn man sie aufklappt, kommt er hervor. Solch eine lustige Klappkarte läßt sich leicht selber basteln.

Nach dem Muster von nebenan kannst du das Häschen abpausen und auf den Karton übertragen. Bevor du es ausschneidest, male es noch bunt an.
Wie man die Figur faltet, siehst du auf der Zeichnung 1.
Falte die Briefkarte in der Mitte und schreibe deinen Ostergruß hinein. Das Häschen wird in den Falz der Briefkarte geklebt (Zeichnung 2).
Zum Schluß kannst du auch noch etwas Gras und bunte Blumen dazumalen.

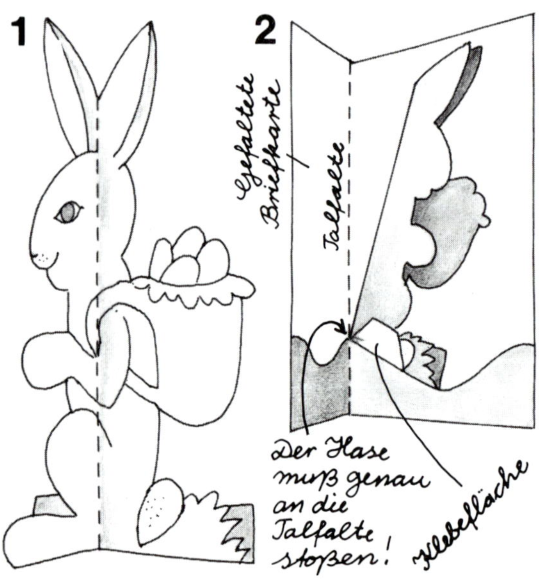

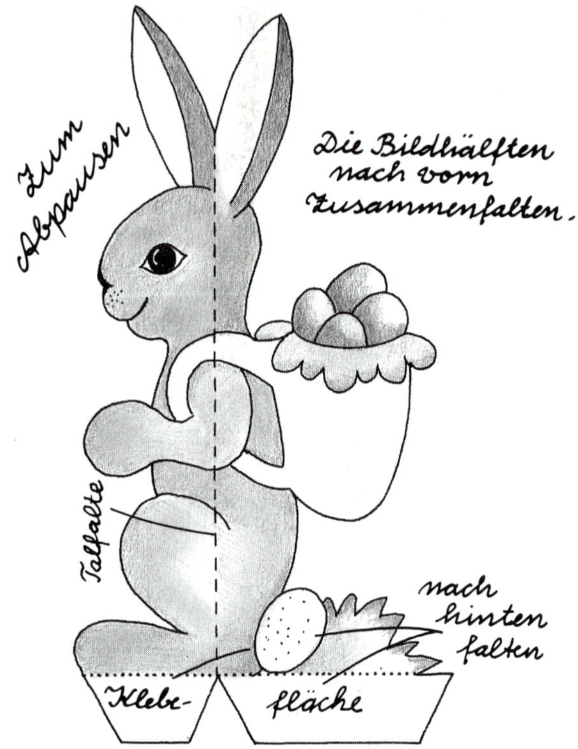

Wer sitzt denn da im grünen Gras,
mit bunten Farben, wer ist denn das?
Er malt die Eier blau, gelb, rot.
Für's Frühstück und für's Abendbrot.
Hat eine runde Knubbelnase.
Ich glaub, das ist der…

Magst du dieselbe Karte mit einer Blume basteln? Dann kannst du das Muster abpausen und nach den Zeichnungen 3 und 4 einkleben.

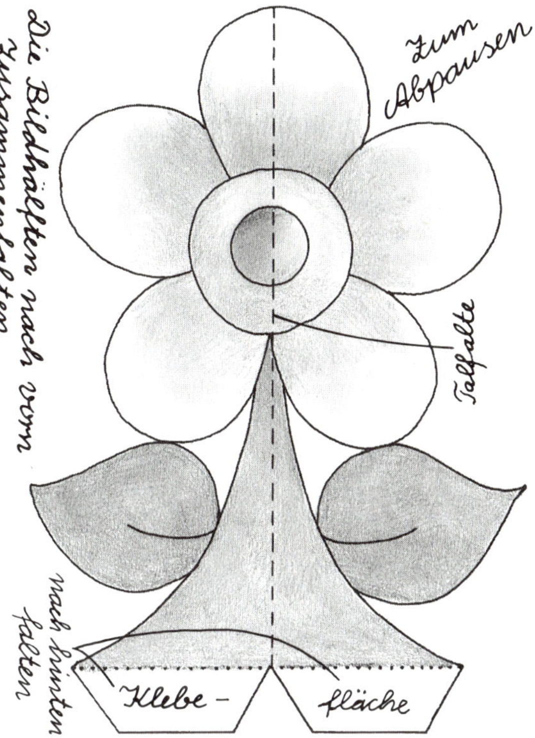

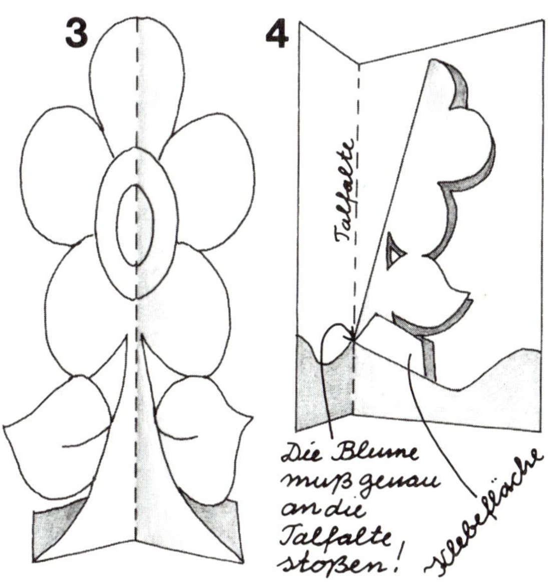

Zauber-Ei

- Dünner weißer Karton
- Butterbrotpapier
- Filzstifte oder Wasserfarben
- Schere, UHU-Klebstoff

Wer diese Karte bekommt, kann sich seinen Ostergruß herbeizaubern. Am Ei gezogen – simsalabim – da ist er!

Eierbecher und Ei nach dem Muster von der nächsten Seite abpausen und auf den Karton übertragen. Wenn du beides ausgeschnitten hast, wird der Eierbecher bunt angemalt. Auf das Ei schreibst du deinen Ostergruß. Falte den Eierbecher und schneide in die eine Hälfte einen Schlitz (Zeichnung 1).

Stecke das Ei in den Schlitz (Zeichnung 2) und klebe den Eierbecher sorgfältig zusammen. Nun kann das Ei durch den Schlitz herausgezogen werden. Na, wie gefällt dir dieser Zaubertrick?

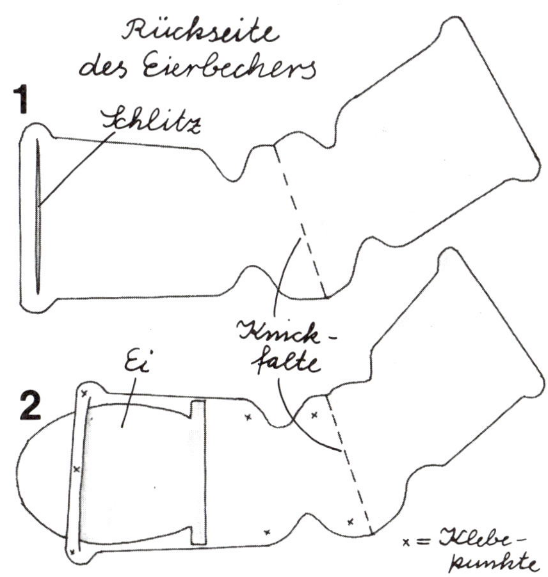

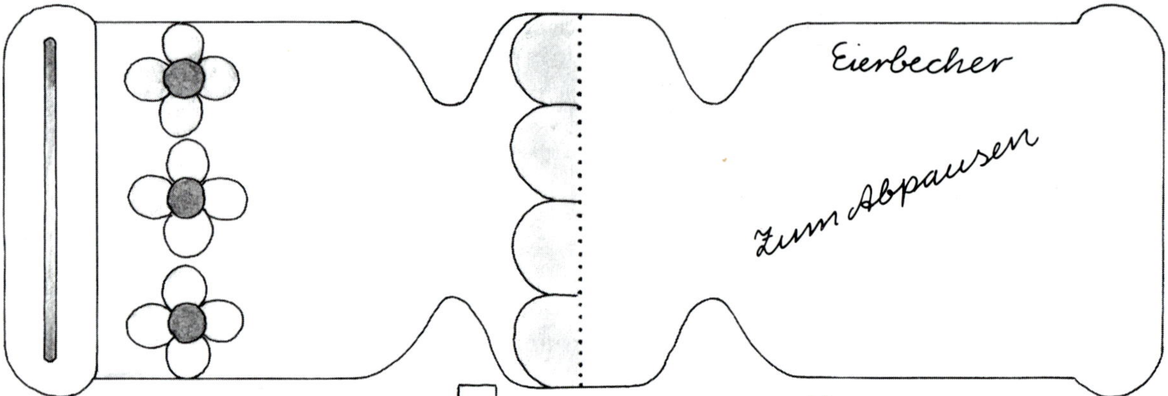

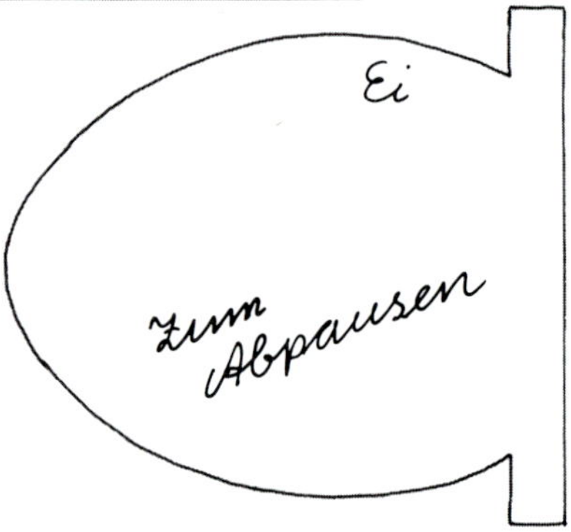

Eine kleine Wiese

Flacher Teller oder Schale
Watte
1 Tütchen Kresse-Samen

Jetzt kommt eine ganz besonders schöne Osterüberraschung. Du kannst sie verschenken oder auf den Ostertisch stellen.

Diese kleine Wiese zum Aufessen kannst du selbst zum Wachsen bringen. Du mußt nur früh genug den Samen aussäen. Am besten 5 – 7 Tage vor Ostern.
Nimm einen großen flachen Teller oder eine flache Schale. Bedecke den Boden dicht mit einer dünnen Schicht Watte, die du gut mit Wasser tränkst. Nun werden die Kresse-Samen darauf gestreut. Die Samenkörner sollten nicht übereinanderliegen. Gieße die Watte jeden Tag, damit sie immer schön feucht bleibt. Schon nach 3 Tagen siehst du die ersten Pflänzchen und nach 7 Tagen ist die „Wiese“ fertig. Wer in der Wiese lebt, siehst du nebenan.

Frohe
Frohe Ostern!
Frohe
Frohe Ostern
Frohe Ostern

Ostereier-Tiere

Hartgekochte Eier
farbiges Papier
Butterbrotpapier
Filzstifte oder
Wasserfarben
Schere, UHU-Klebstoff

Auf der Osterwiese tummeln sich lauter bunte Ostertiere. Schau mal genau hin, jedes Tier ist eigentlich ein hartgekochtes Ei...

Biene:
Bemale das Ei rundherum mit braunen und gelben Streifen. Für den Kopf malst du die schmale Seite vom Ei schwarz an und setzt darauf mit Deckweiß die großen Augen der Biene. Auf dem Foto kannst du das genau sehen.

Pause die Form der Flügel ab und übertrage sie auf ein helles Papier, das einmal gefaltet ist (Zeichnung 1). Ausschneiden und so auf das Ei kleben, wie du es auf der Zeichnung 2 siehst. Zum Schluß noch zwei kleine schwarze Papierstreifen als Fühler ankleben.

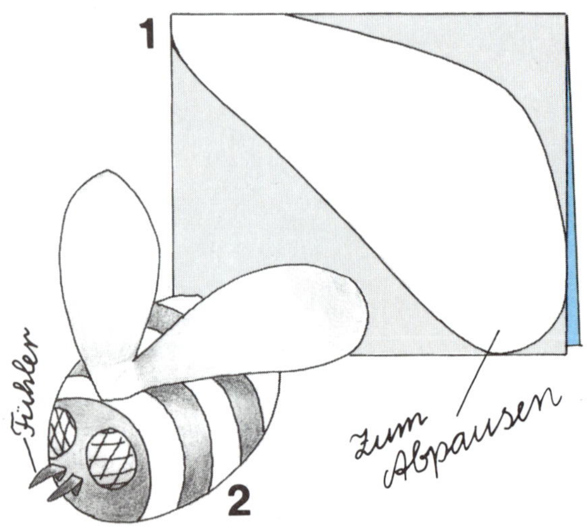

Marienkäfer:
Male zuerst das ganze Ei rot an. Dann werden die Flügelumrisse, die Punkte und der Kopf mit Schwarz darübergemalt. Als Fühler schneidest du wieder zwei kleine schwarze Papierschnipsel zurecht und klebst sie an den Kopf.

Vogel:
Auch der Vogel ist ganz einfach zu basteln. Wieder bemalst du das Ei einfarbig. Dann werden der Schwanz, 2 Flügel und der Schnabel abgepaust, auf buntes Papierr übertragen und ausgeschnitten. Für den Schnabel nimmst du am besten Gelb. Falte ihn in der Mitte (Zeichnungen 3 – 5).

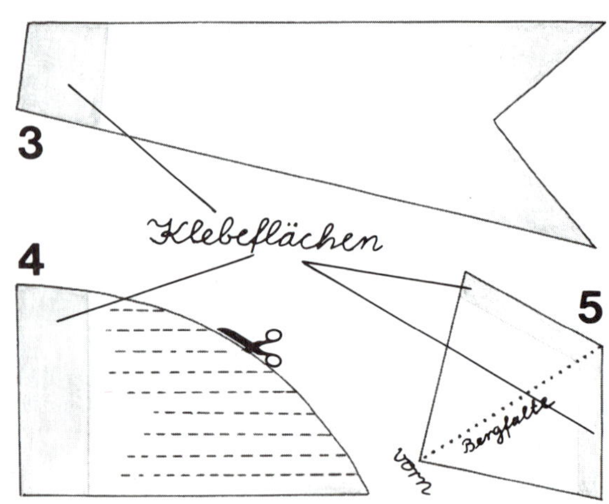

geschnitten, eng zusammengerollt und mit Klebefilm befestigt (Zeichnungen 1 und 2).

Für die **Blütenblätter** faltest du ein Stück Krepppapier 3mal übereinander und beschneidest es (Zeichnungen 3 - 6). Nach dem Auffalten trennst du die einzelnen Blütenblätter noch mit der Schere. Dann kräuselst du den Streifen um die Blütenmitte und umwickelst den unteren Teil fest mit Klebefilm (Zeichnungen 7 - 9).

Kleiner Zaubergarten

1 leere Streichholzschachtel, 2 Kugelschreiberfedern
2 kleine Knöpfe
Buntpapier, Ostergras
Schere, UHU-Klebstoff

Wenn man diese Schachtel aufmacht, kommt – Hokuspokus! – ein kleiner Garten hervor!

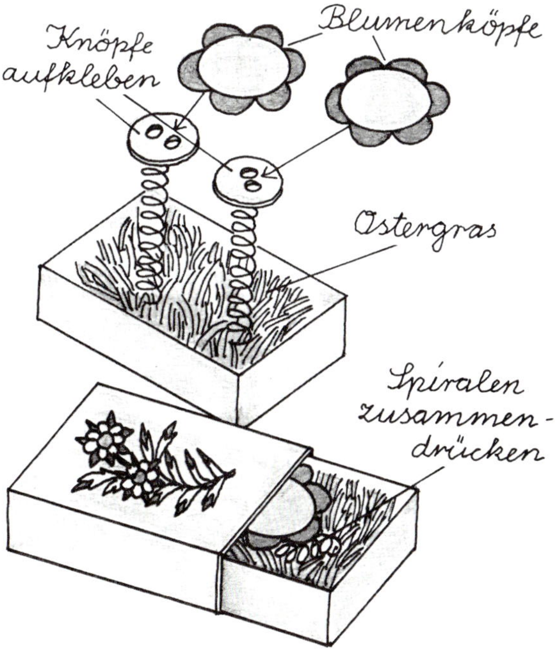

Zuerst werden die Schachtelhülle und von der Innenschachtel die 4 Außenwände mit farbigem Papier beklebt. Dann klebe in das Innenteil die beiden Kugelschreiberfedern und etwas Ostergras. Die Blüten bastelst du aus Knöpfen, auf die du gemalte Blumenköpfe klebst. Drücke die Federn zusammen und schiebe die Schachtel in die Hülle. Hübsch sieht es aus, wenn du die Schachtelhülle noch mit Blüten verzierst.

Ein Nadelkissen mit Schublade

1 leere Steichholzschachtel, 1 kleines Stück Schaumgummi
Filzreste
1 kleine Perle
Schere, UHU-Klebstoff

Wie wäre es, wenn du deiner Mutter oder großen Schwester ein selbstgebasteltes Nadelkissen schenken würdest?

Lege die Streichholzschachtel auf ein Stück Schaumgummi und umfahre sie mit Kugelschreiber. Schneide das Schaumgummistück entlang den Linien aus und klebe es auf die Oberseite der Schachtel (Zeichnung 1). Stelle den „Block" auf

1

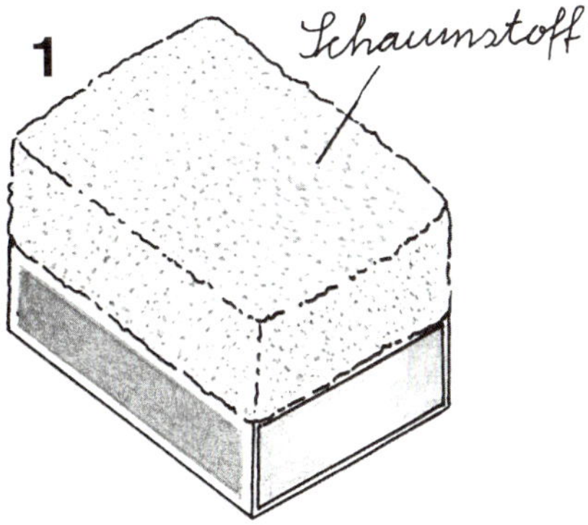

deinen Stoff, umfahre ihn mit Kugelschreiber (Zeichnung 2) und schneide das entstandene Rechteck 2mal aus. Klebe eines vorne und eines hinten auf den Block. Dann streiche die vier langen Seiten mit Klebstoff ein und umwickle sie mit Stoff (Zeichnung 3). Das Überstehende wird abgeschnitten.

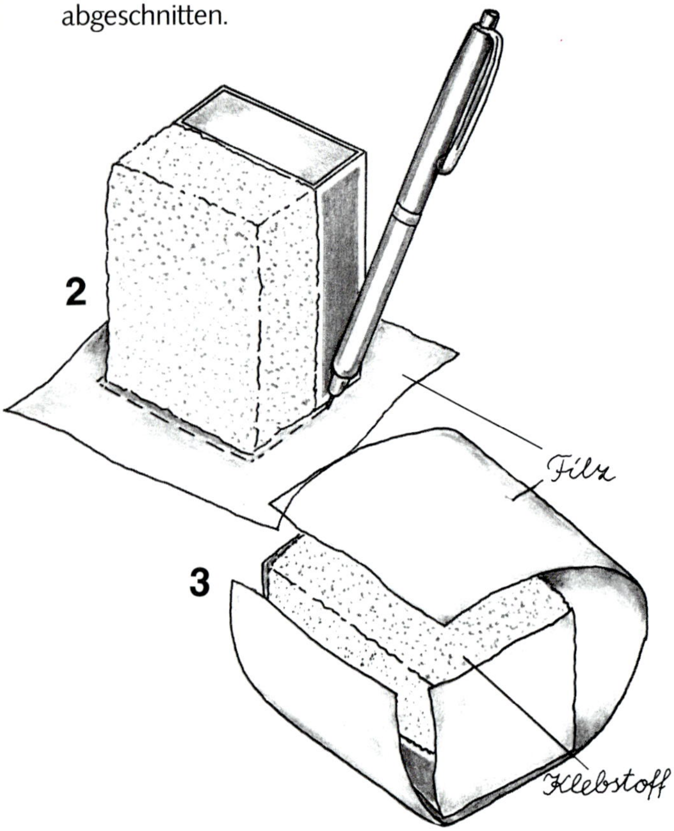

Damit eine Schublade entsteht, mußt du den Stoff an einer Seite entlang der Schachtelhülle einschneiden (Zeichnung 4). Zum Schluß wird noch eine kleine Perle als „Griff" angeklebt.

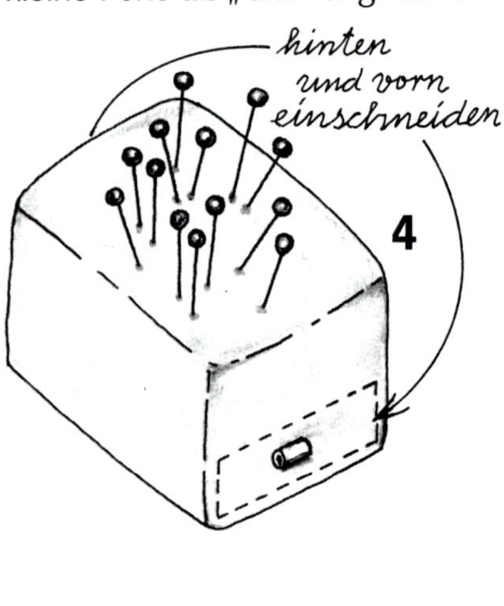

Maus mit was raus...

1 Bindfadenknäuel
1 Schachtel (in die das Knäuel gut hineinpaßt)
farbiges Papier
1 Papierkugel
Wasserfarben
Schere, UHU-Klebstoff

„Da beißt die Maus keinen Faden ab" – das ist ein tolles Geschenk!

Zuerst wird die Schachtel beklebt. Dann machst du in eine Seite ein Loch. Es muß so groß sein, daß der Bindfaden durchpaßt. Das Knäuel wird in die Schachtel gelegt, der Fadenanfang durch das Loch gefädelt und die Schachtel verschlossen.

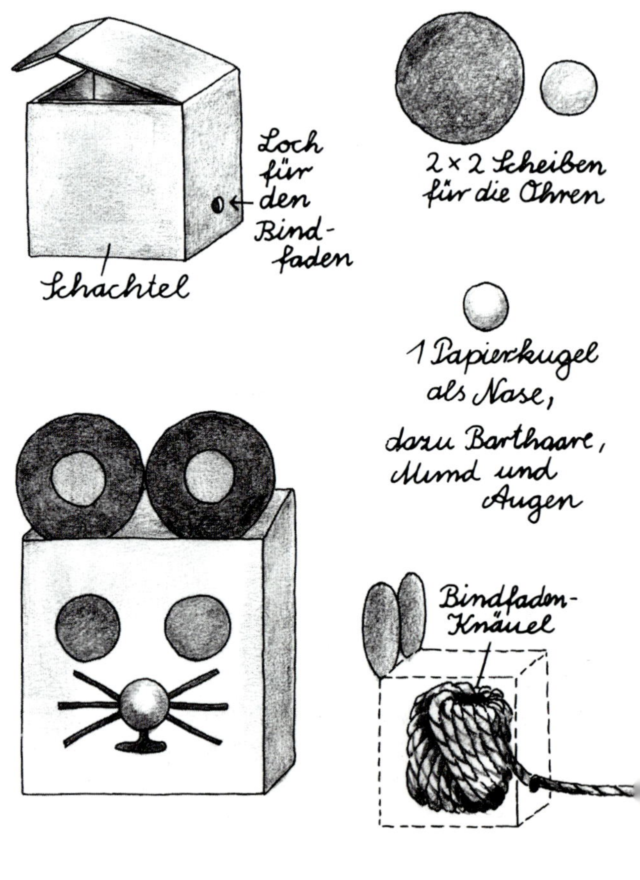

Für die großen Mäuseohren schneidest du 2 verschieden große Kreise aus und klebst sie aufeinander. Für das Näschen malst du die Papierkugel an. Nun schneide Augen, Mund und Barthaare aus. Klebe alle Teile an die Schachtel, so wie es die Zeichnung links unten zeigt.
Weißt du schon, wer die Maus bekommen soll?

Feines Briefpapier

Weißes unliniertes Schreibpapier
Butterbrotpapier
spitze Stopfnadel
weiche Unterlage

Kennst du jemanden, der gerne Briefe schreibt? Dann schenke ihm doch ein besonderes Briefpapier! Du kannst es leicht selbermachen, und es sieht wunderschön aus.
Überlege dir, welches Muster das Briefpapier haben soll, und zeichne es auf das Butterbrotpapier. Nebenan findest du zwei Beispiele. Du kannst sie abpausen. Lege ein Blatt Schreibpapier auf eine weiche Unterlage. Das Butterbrotpapier wird so daraufgelegt, daß das Muster an den oberen Rand des Blattes kommt.

Nun stichst du mit der Nadel Loch an Loch durch beide Papiere, immer den vorgezeichneten Linien entlang. Willst du das Motiv öfter wiederholen, rutsche das Pausmuster einfach ein Stück weiter und stich wieder durch dieselben Löcher des Butterbrotpapiers.

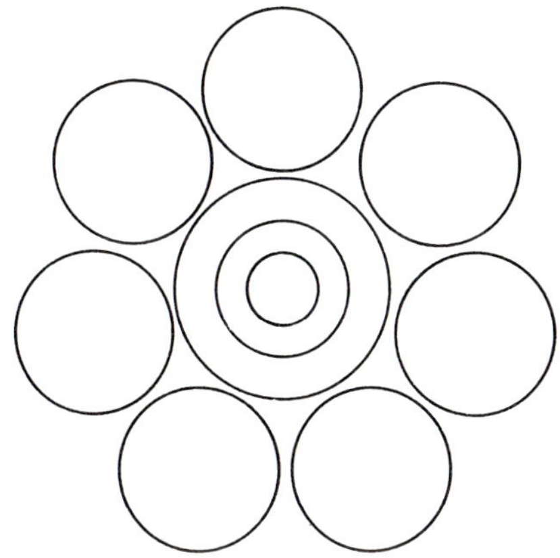

Hübsch ist es, wenn du zum Verschenken die Briefbögen und einige einfache weiße Briefumschläge mit einem Geschenkband zusammenbindest.

Bunter Bleistift-Becher

1 Versandrolle (aus Pappe) mit Deckel
farbiges Papier
Schere, UHU-Klebstoff

Über dieses Geschenk freut sich jeder, der viele Schreibstifte hat. In dem Bleistift-Becher stehen sie nämlich immer griffbereit beieinander.

Bitte jemand größeren, die Versandrolle durchzusägen, und zwar 10 cm vom Deckel entfernt. Jetzt hast du einen Becher mit Boden. Aber verrate nicht, wozu du ihn brauchst, es soll ja eine Überraschung werden! Beziehe den Becher mit einfarbigem Papier und klebe bunte Muster darauf. Zum Verschenken kannst du gleich ein paar Stifte in den Becher stellen.

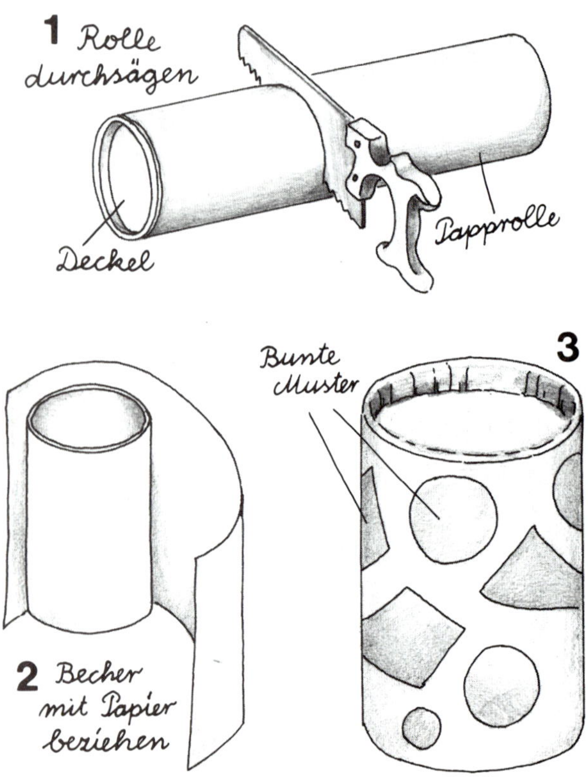

Henkelkörbchen

Farbiges Origami-Faltpapier oder Tonpapier
Butterbrotpapier
Schere, UHU-Klebstoff

Einfach aus Buntpapier gebastelt – ein schönes Henkelkörbchen: zum Muttertag als Blumenkörbchen, zum Kindergeburtstag als Knabberkörbchen, zu Ostern als Eierkörbchen oder auch zum Sammeln für allerlei Krimskrams.

Die Zeichnungen zeigen dir, wie gefaltet (1 – 6), was abgepaust (7), wo nach dem Auffalten 8mal eingeschnitten (8) und wie zusammengeklebt wird (9). Zum Schluß klebst du einen Papierstreifen als Henkel ins Körbchen (10).

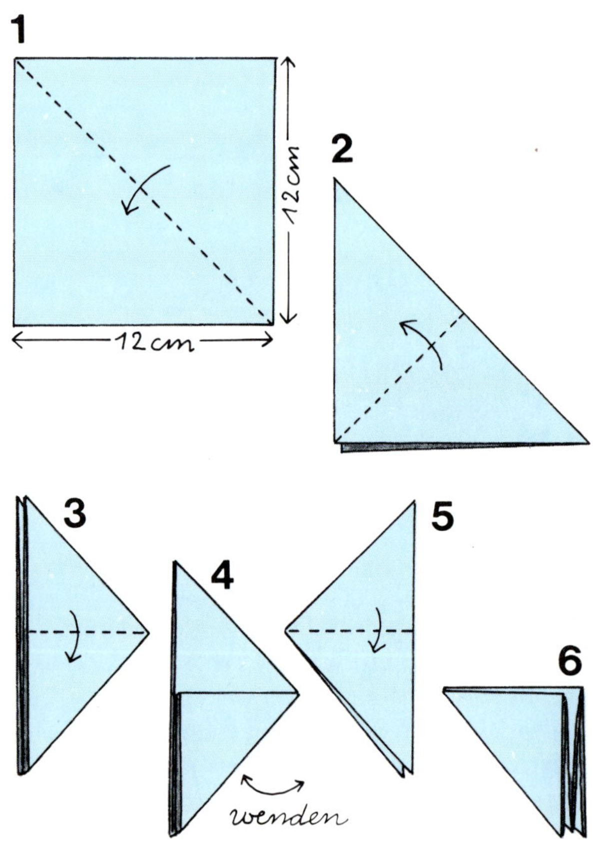

7

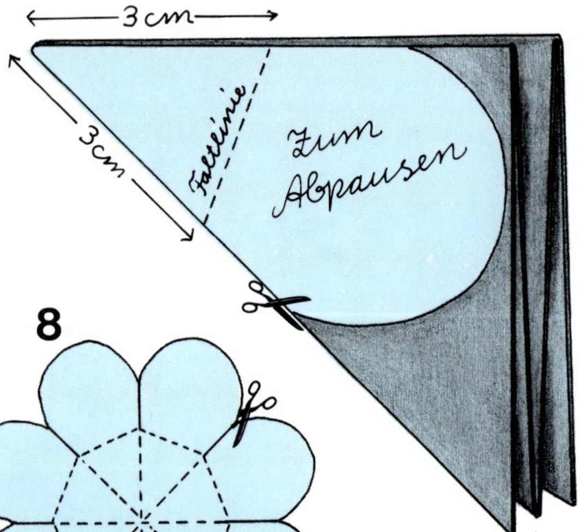

8

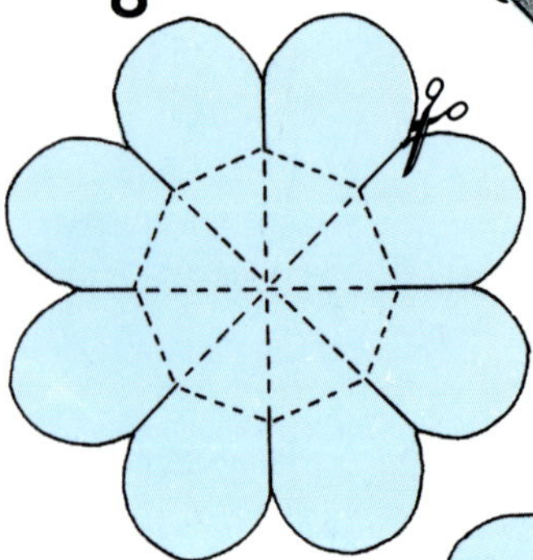

9

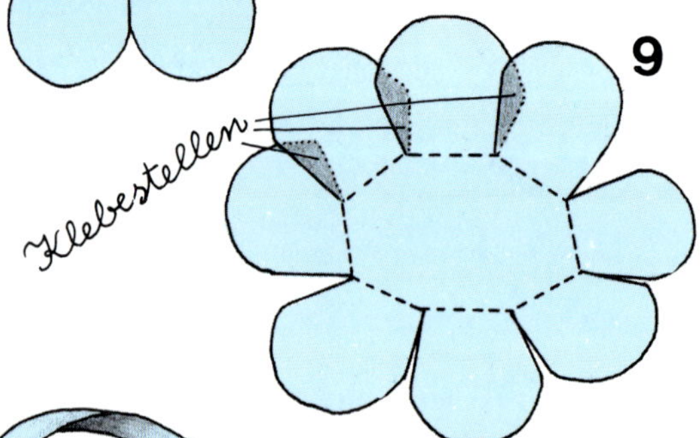

10

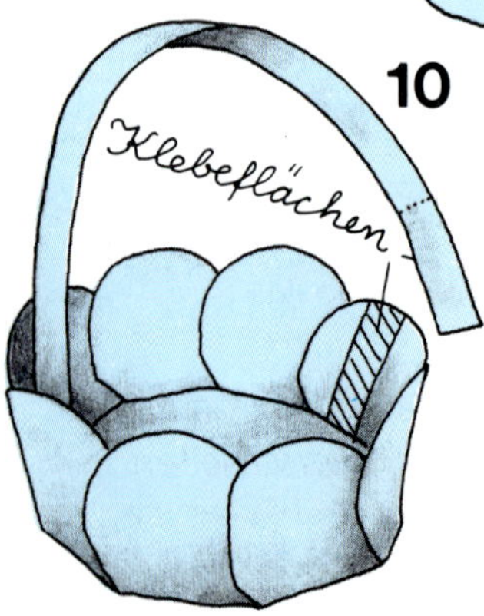

Das Körbchen verzierst du, wie du magst

Die freche Schachtel

Zeichen- oder Tonpapier
Butterbrotpapier
Filzstifte
Schere, UHU-Klebstoff

Langsam entfaltest du die unscheinbare Schachtel: Ein Gesicht schaut dich an – zwei Flügel breiten sich aus und – Hokuspokus! – das Gesicht streckt dir die Zunge raus. So eine freche Schachtel – wem wirst du die wohl schenken?

Nebenan findest du für die Schachtel 3 Abpausmuster. Übertrage sie auf ein Stück Zeichen- oder Tonpapier und schneide sie aus. Auf den Zeichnungen 1 – 5 siehst du, wie du weiterbasteln kannst. Zeichnung 1 zeigt dir die ausgeschnittenen 4 Einzelteile (alle Teile zeigen ihre Innenseite).

1

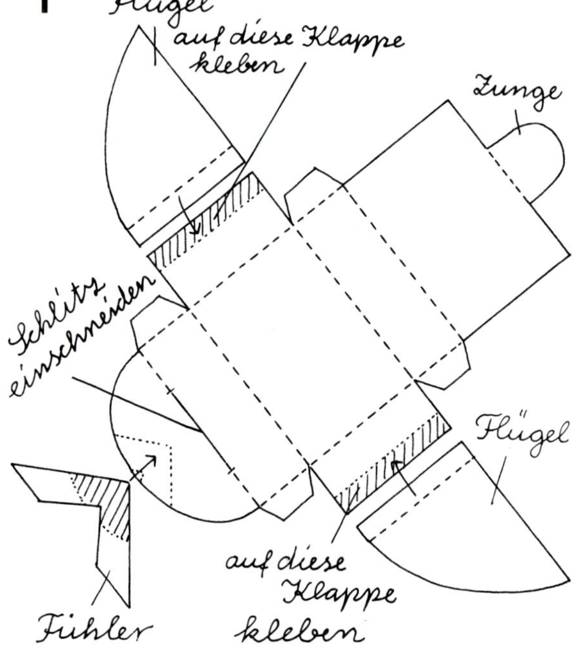

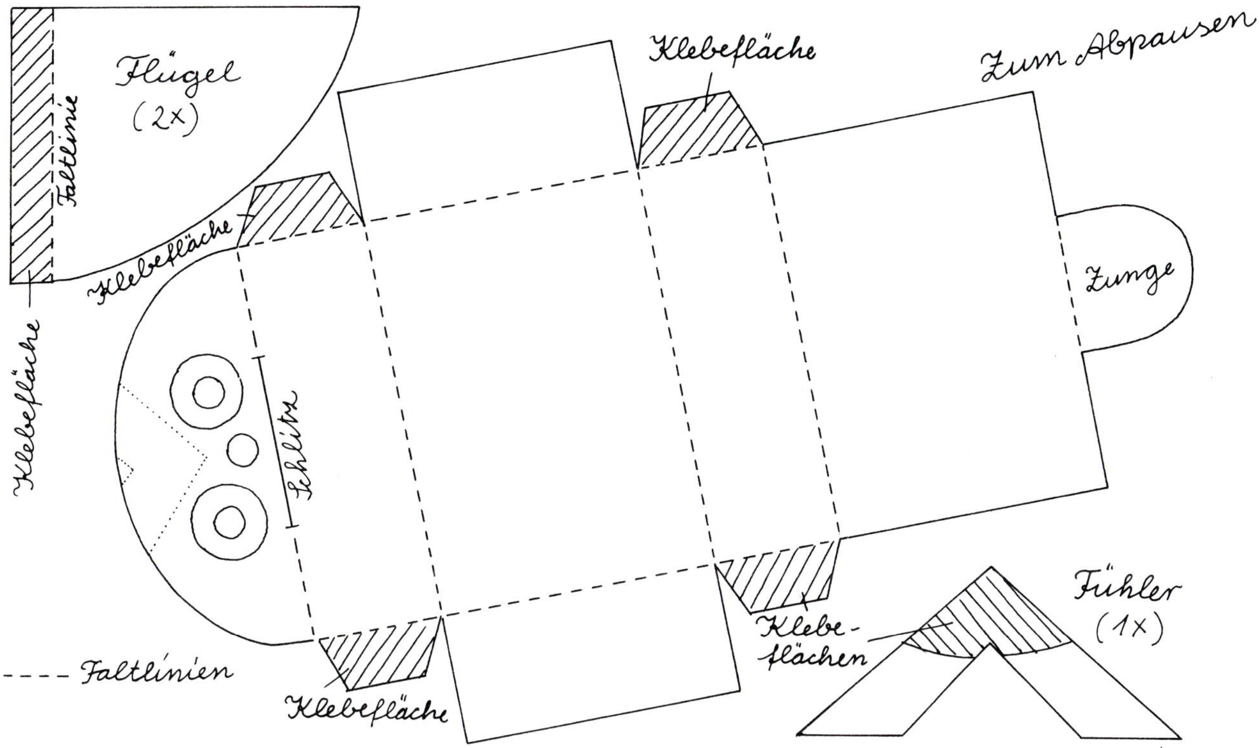

Mit einem stumpfen Gegenstand (Kugelschreiber) fährst du noch einmal auf allen Faltlinien entlang und drückst dabei etwas auf. So läßt sich das Kästchen besser zusammenfalten und kleben. Aber vor dem Zusammenkleben mußt du noch den kleinen Schlitz einschneiden und die beiden Flügel ankleben. Dann malst du das Gesicht auf die vordere Klappe. Die Zunge wird auf der Außenseite rosarot (Zeichnung 2).

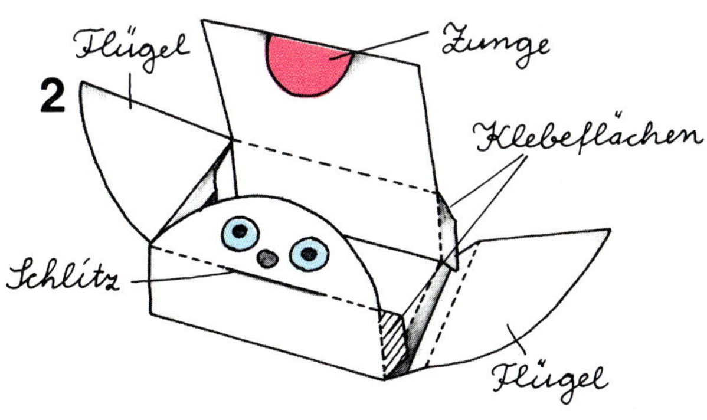

Bei Zeichnung 3 ist die Schachtel schon zusammengeklebt. Auf die vordere Klappe sind auch die Fühler geklebt worden.

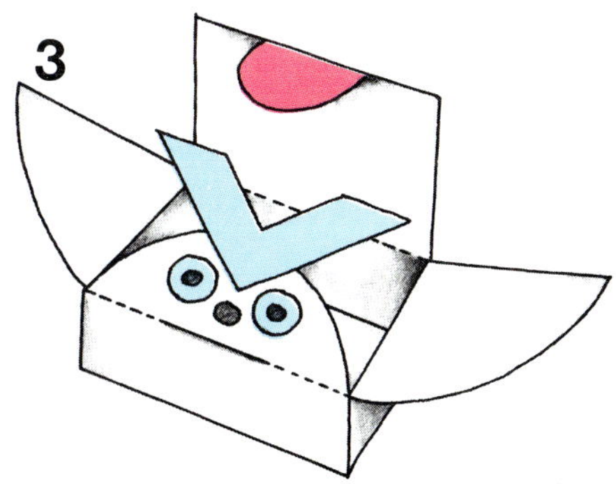

Die Zeichnungen 4 und 5 zeigen, wie du das Kästchen zusammenfalten und verschließen kannst: erst die Flügel nach innen biegen, dann die vordere Klappe (Gesicht) nach hinten drücken. Zum Schluß die Zunge in den Schlitz stecken.

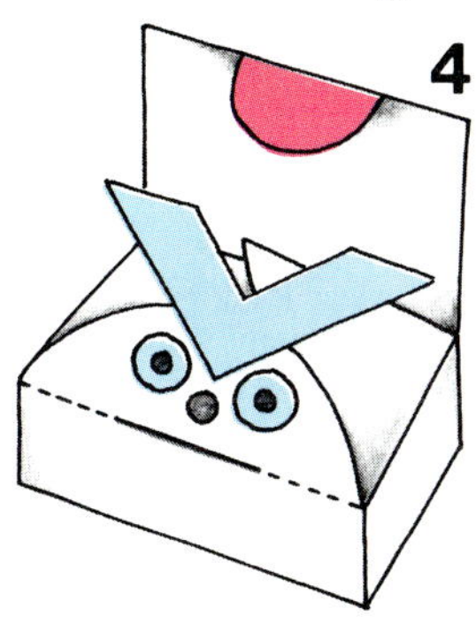

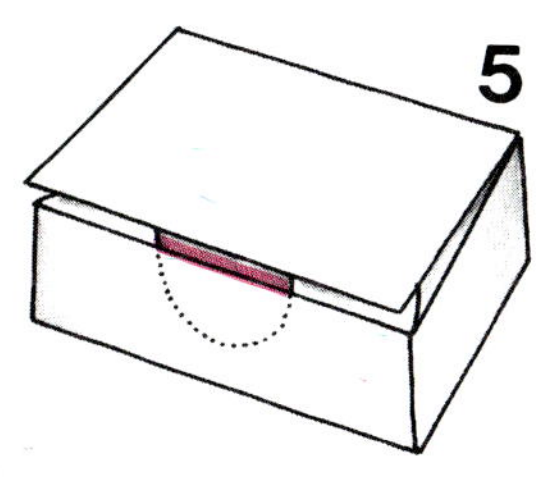

Bei Zeichnung 6 hat sich die Schachtel wieder entfaltet: Jetzt streckt sie ihre freche Zunge von hinten durch den Schlitz heraus!

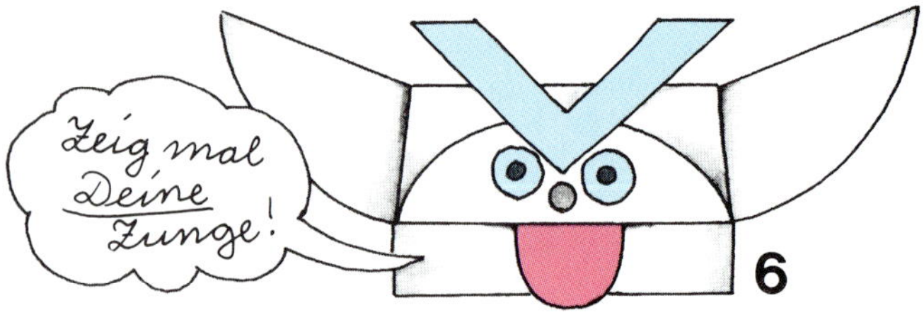

6

Freßsäckchen und andere Tüten

Origami-Faltpapier
weißes Schreibpapier
Buntpapier, Schere
Klebefilm, UHU-Klebstoff

Wer kann denn so viele verschiedene Sachen verspeisen: Nüsse, Bonbons, Steinchen, Klicker, Mini-Autos, Popcorn und und und…?? Na, das sind die lustigen Freßsäckchen!

Freßsäckchen können ganz verschieden groß sein. Für unser Beispiel brauchst du ein Stück Origami-Faltpapier, das 18 cm lang und 12 cm breit ist.

Die Zeichnungen 1–8 zeigen dir, wie du erst einmal eine Tüte falten und kleben mußt.

1

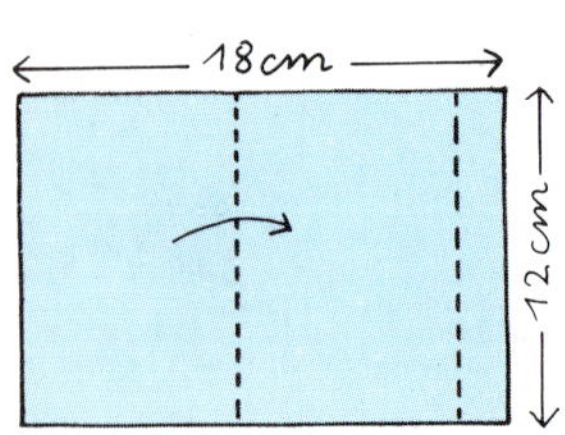

2

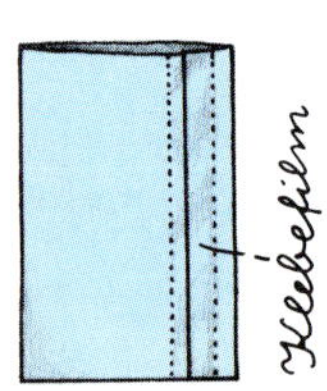

3 4

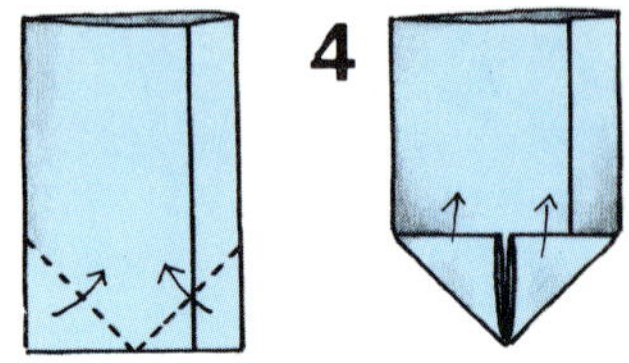

5 6

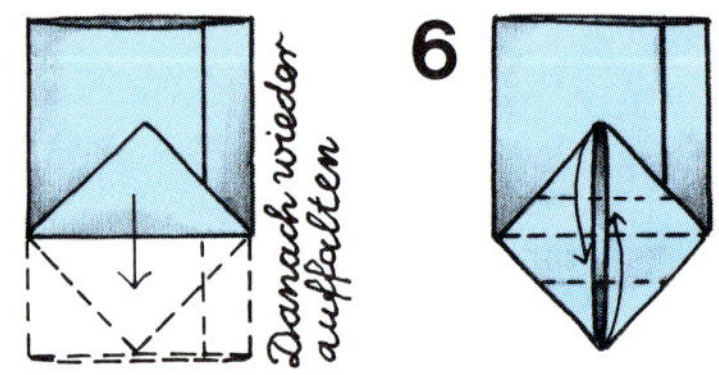

7 8

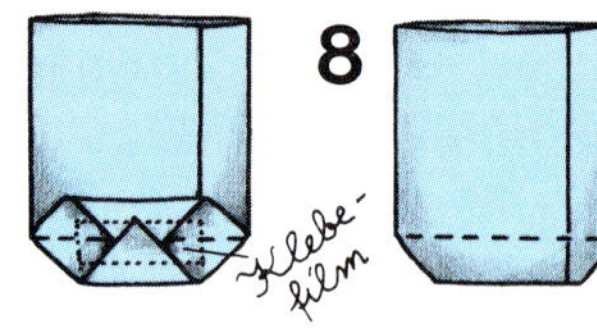

Mit 3 weiteren Faltungen (Zeichnungen 9 und 10) wird daraus ein Freßsäckchen, wenn du noch große Augen, Wimpern, Mund und Hände aus Buntpapier aufklebst (Zeichnung 11).

9

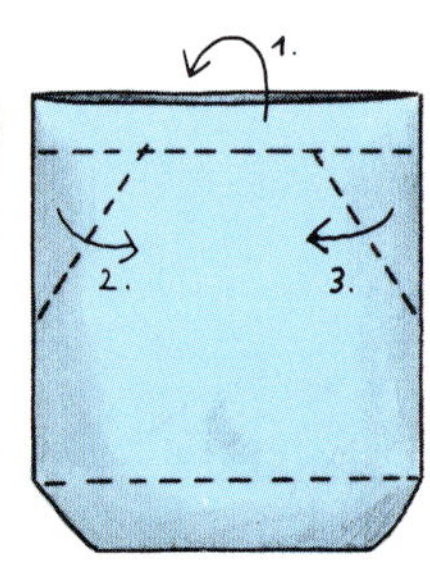

10

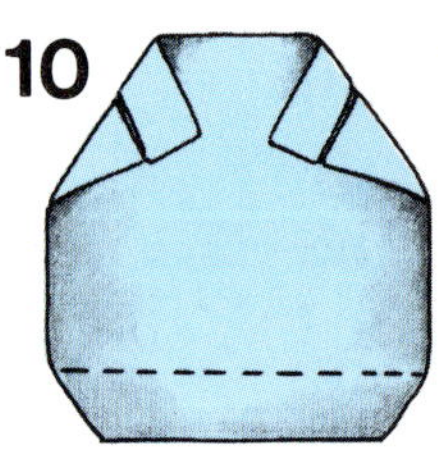

11

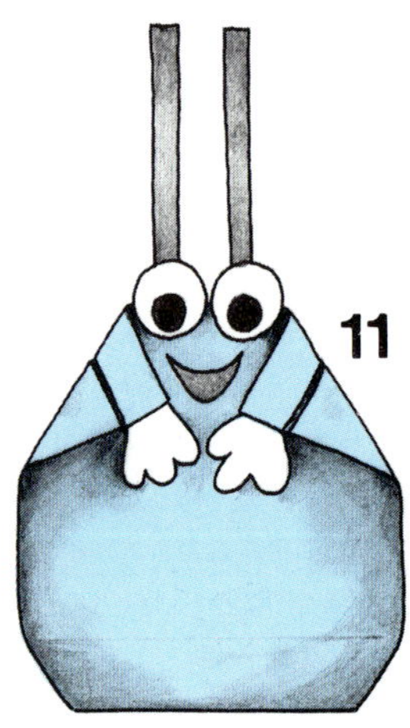

Damit es ein Freßsäckchen wird:

Die weiße Tüten-Maus
Eine Tüte kann sich auch in eine Maus verwandeln. Dazu faltest du aus weißem Schreibpapier (Größe 16 x 10 cm) die Tüte zunächst genauso zusammen wie bei dem Freßsäckchen. Dann beginnst du mit der Mäuse-Faltung nach den Zeichnungen 1 – 3 von unten.
Augen, große Ohren und Barthaare sind schnell ausgeschnitten und aufgeklebt (Zeichnung 4).

Was eine Tüte noch sein kann:

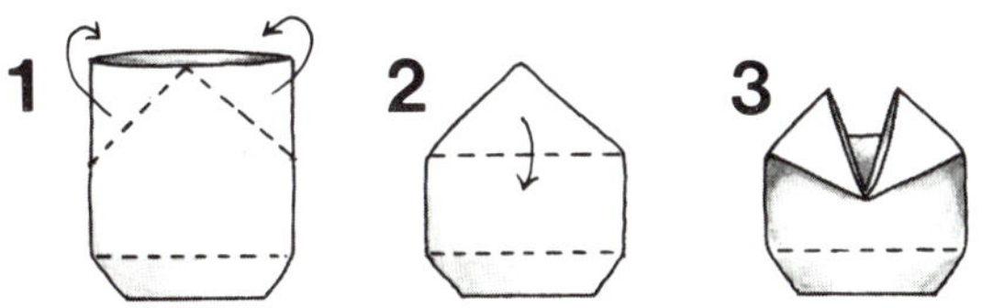

Eine dicke, schicke Tonne

Leere Waschmitteltonne
bunte Stoff- und Filzreste
Schere, UHU-Klebstoff

In der dicken, schicken Tonne hat alles mögliche Platz: Bälle, bunte Bausteine, Wollreste …

Was du auf die Tonne kleben willst, kannst du selbst bestimmen: bunte Formen, Häuser und Bäume, Tiere und Blumen – überleg mal, irgend etwas fällt dir sicher ein. Male die Figuren auf den verschiedenen Stoffen mit Kugelschreiber vor. Dann werden sie ausgeschnitten und dicht zusammen auf die Tonne geklebt. Jetzt merkt keiner mehr, daß dieser hübsche Behälter mal eine Waschmitteltonne war.

Noch eine Idee: Wenn du den Henkel abmachst und die Tonne dann beklebst, kannst du sie auch als Papierkorb verschenken.

Hurra – endlich ist der Sommer da!

Jetzt sind große Ferien.
Und wenn auch alle Freunde verreist sind,
mit diesen tollen Spielsachen kommt bei dir
zu Hause bestimmt keine Langeweile auf!

Zum Baden nimmst du den Milchtütendampfer,
das Korkenfloß und Max, den Freischwimmer, mit.
Im Garten Pusteballchen schweben lassen oder
Riesenseifenblasen machen – das macht Spaß!
Und an einem lauen Sommerabend überraschst du
deine Familie mit einem fruchtigen Salat oder
leckerer Eismilch. Und wenn es dunkel wird,
zündest du die selbstgebastelten Tierlichter an…

Ahoi!

1 leere Milchtüte
kleine leere Schachteln
1 leere Klopapierrolle
Wasserfarben, Watte
Schere, UHU-Klebstoff

Mit diesem bunten Urlaubsdampfer kannst du die schönsten Seereisen spielen.

Die Milchtüte wird zum Schiffsbauch, indem du ein Seitenteil herausschneidest, die offene Lasche zusammenklebst (Zeichnung 1) und alles anmalst. Aus den buntbemalten Schachteln und der Klopapierrolle entsteht das Schiffsdeck und der Schornstein. Klebe alles aufeinander in den Schiffsbauch. Damit der Schornstein richtig raucht, stecke noch etwas Watte in die Papprolle (Zeichnung 2).

1

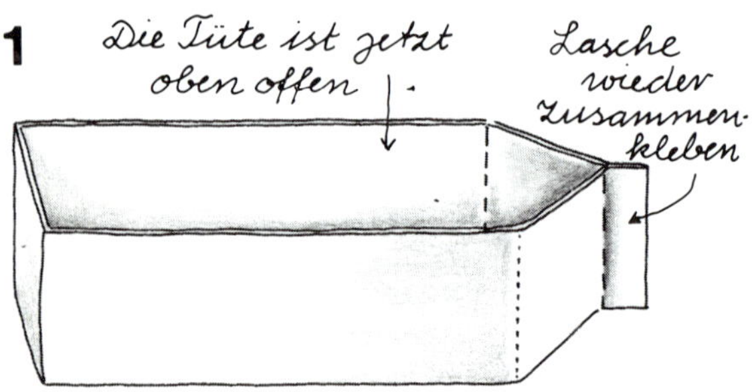

2

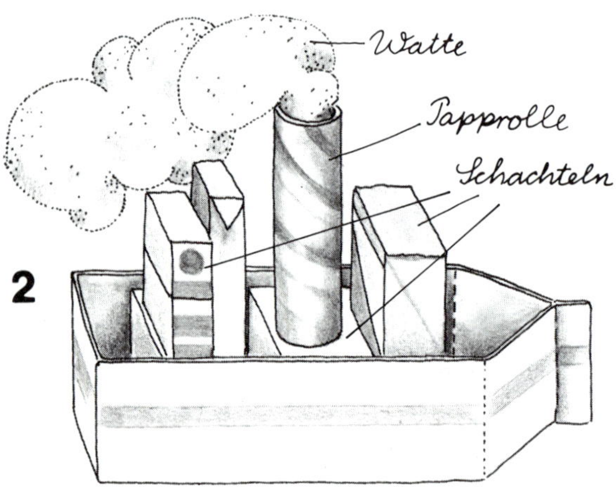

Wenn du lieber ein **Segelschiff** haben möchtest, brauchst du anstatt der Schachtel und der Klorolle 1 Korken, 1 Holzstäbchen und 1 Stück farbiges Papier. Das Stäbchen wird durch das Papier-Segel und in den Korken gesteckt (Zeichnung 3). Klebe den Korken in den Schiffsbauch, und schon kann die Segelpartie beginnen.

3

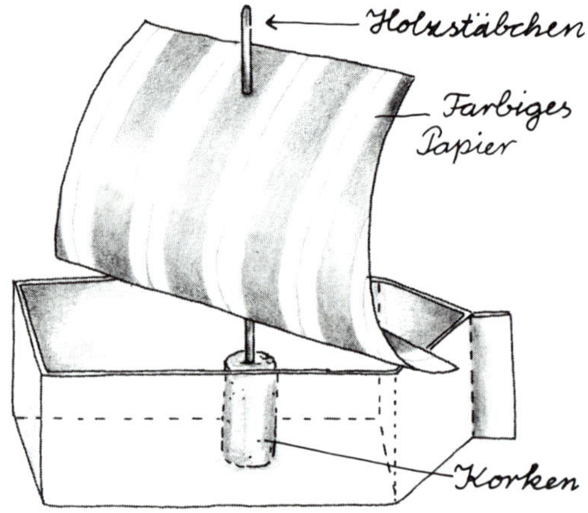

Das Ferienfloß

16 gleich große Korken
3 Zahnstocher
1 Holzschaschlikspieß
1 Stück Stoff
Schere, UHU-Klebstoff
2 Stecknadeln

Ob in den Ferien am Meer, zu Hause an einem Bach oder in der Badewanne – dieses Floß kannst du überall schwimmen lassen.

Klebe 15 Korken so zusammen, wie du es unten auf der Zeichnung 1 siehst. Die Klebestellen mußt du dazu beidseitig mit Klebstoff bestreichen, leicht aneinanderdrücken und dann gut trocknen lassen. Für den Mast steckst du 2 Zahnstocher und den Holzspieß in den übriggebliebenen Korken (Zeichnung 2).

1

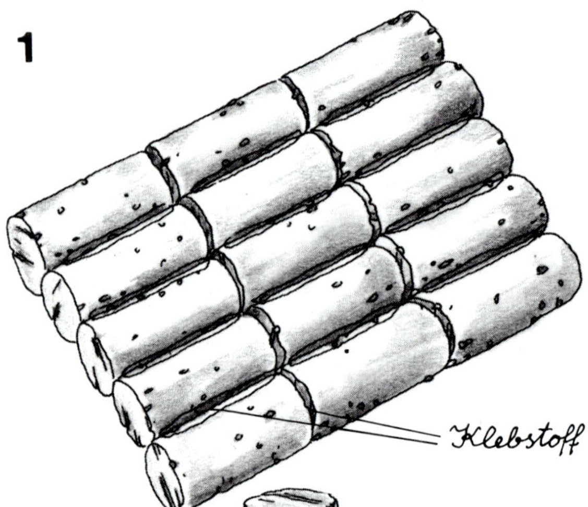

2

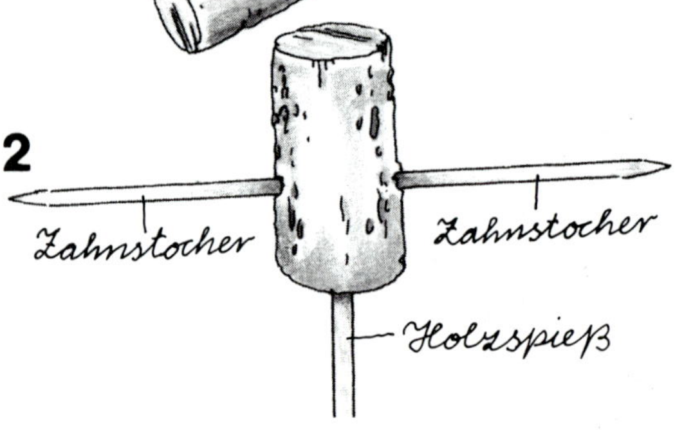

Für das Segel sollte der Stoff etwa 16 cm lang und 14 cm breit sein. Schneide ihn zurecht (Zeichnung 3) und klebe ihn um die Zahnstocher. Nun braucht der Mast noch ein Fähnchen. Dazu klebst du ein Stückchen Stoff um den letzten Zahnstocher und steckst ihn oben in den Korken. Zum Schluß wird der Mast in die Mitte des Floßes gesteckt und das Segel links und rechts mit den Nadeln befestigt (Zeichnung 4).

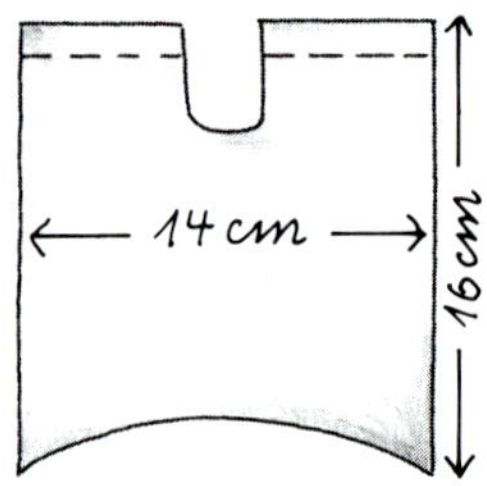

3

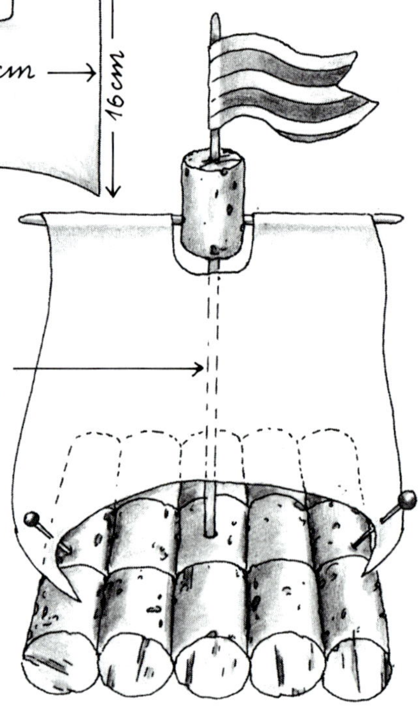

4

Max, der Freischwimmer

Fester weißer Karton
Butterbrotpapier
Wachsmalstifte
1 Korken
1 Zahnstocher
dünnen Draht

Max ist ein unermüdlicher Schwimmer. Wenn du mit ihm baden gehst, wirst du staunen – er schwimmt und schwimmt und wird niemals müde!

Unten findest du das Muster zum Abpausen. Übertrage es auf den weißen Karton. Wenn die Figur ausgeschnitten ist, malst du sie vorne und hinten bunt an. Nun machst du in den Korken einen Schlitz und schiebst Max hinein (Zeichnung 1). Zum Schluß steckst du den Zahnstocher

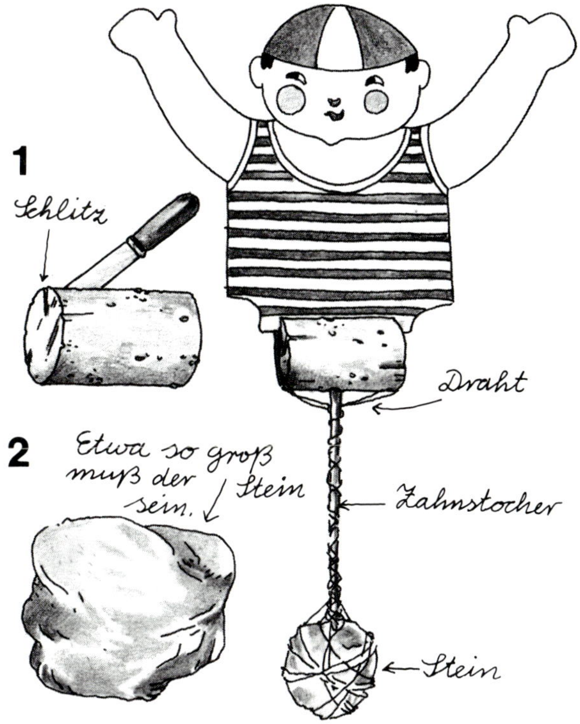

in die Korkenmitte und beschwerst ihn unten mit einem Gewicht, zum Beispiel mit einem Stein (Zeichnung 2).

Wie schwer das Gewicht sein darf, mußt du zuerst ausprobieren. Das Gewicht ist dann richtig, wenn Max nicht umkippt, sondern aufrecht aus dem Wasser schaut.

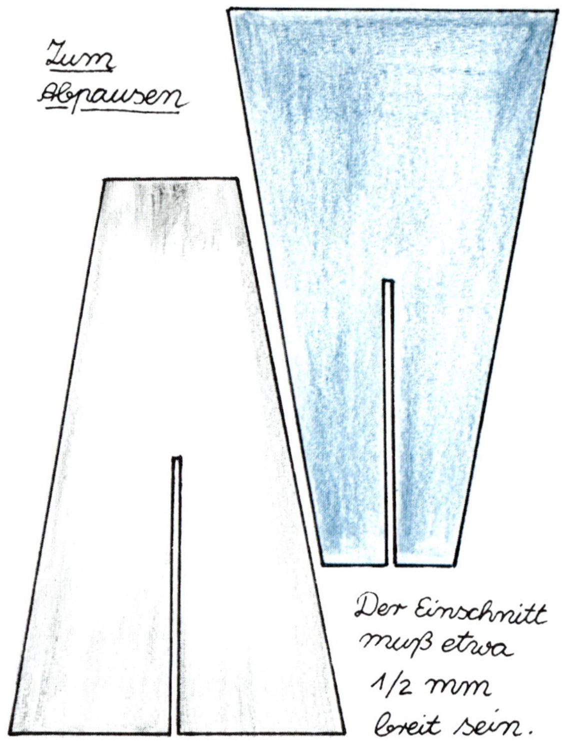

Spicker

4 – 5 Korken
dünner farbiger Karton
Butterbrotpapier
Klettband
bunte Papierstreifen
Messer, Schere
UHU-Klebstoff

Nimm pro Spicker einen Korken und schneide ihn mit dem Messer kreuzweise längs ein (Zeichnung 1 nebenan).

Pause die „Flugfedern" von oben ab und übertrage sie auf den Karton. Dann schneide sie aus und stecke sie so in den Korken, wie du es auf den Zeichnungen 2 und 3 siehst.

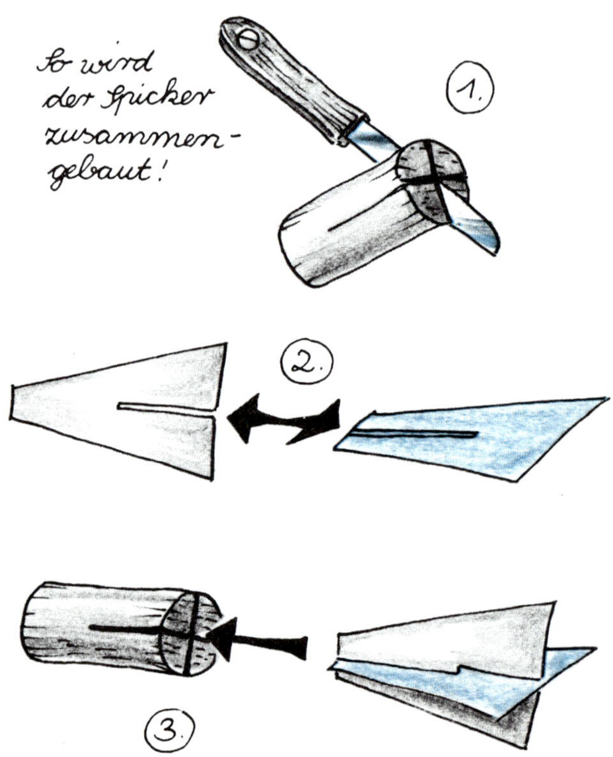

Klebe vorn auf den Korken ein Stückchen Klettband. (Du kennst es sicher von Turnschuhverschlüssen her – kaufen kann man es im Kaufhaus

in der Kurzwarenabteilung.) Es sorgt dafür, daß deine Spicker an der Zielscheibe hängenbleiben. Wenn du willst, verziere sie jetzt noch mit farbigen Papierstreifen, passend zu den „Flugfedern“.

Als Zielscheibe nimm einen alten Wollpulli oder ein Stück Stoff, an dem das Klettband gut haftet (ausprobieren!) Sticke mit dicker Wolle in gut sichtbaren Farben drei Kreise darauf und befestige die Zielscheibe an der Wand.

Spielregel:
Der innere Kreis bringt 100, der mittlere 30 und der äußere 10 Punkte. Werfen darfst du, solange du die Scheibe triffst. Wirfst du daneben, ist dein Mitspieler dran.

Riesenseifenblasen

Für das **Pusterohr** *schneide von einer Plastikwasserflasche mit einem scharfen Messer den Boden ab. Dann mach rundherum im Abstand von etwa 0,5 cm Einschnitte. Nimm 1/4 l Wasser, 3 Teelöffel Spülmittel, 3 Teelöffel Speiseöl (läßt die Seifenblasen schillern) und 4 Teelöffel Zucker (macht die Seifenblasen haltbarer). Verrühre in einer Plastikschüssel alles gut miteinander. Tauche die Flasche mit dem abgeschnittenen Ende hinein, ziehe sie heraus und puste kräftig durch den Flaschenhals.*

Tierlichter

Gläser, Teelichter
Butterbrotpapier zum Abpausen, Plaka-Farbe
Metallpapier
Schere, UHU-Klebstoff

Diese Tiere sitzen am liebsten in leeren Gläsern; da leuchten sie an lauen Sommerabenden im Garten oder auf dem Balkon.

Frosch:
Pause die Muster für Seerosenblatt, Beine und Maul ab und übertrage sie auf das Metallpapier. Drehe das Pauspapier für das zweite Bein um, damit du ein linkes und ein rechtes Bein bekommst. Zwei verschieden große aufeinandergeklebte Metallpapierkreise werden die Augen.

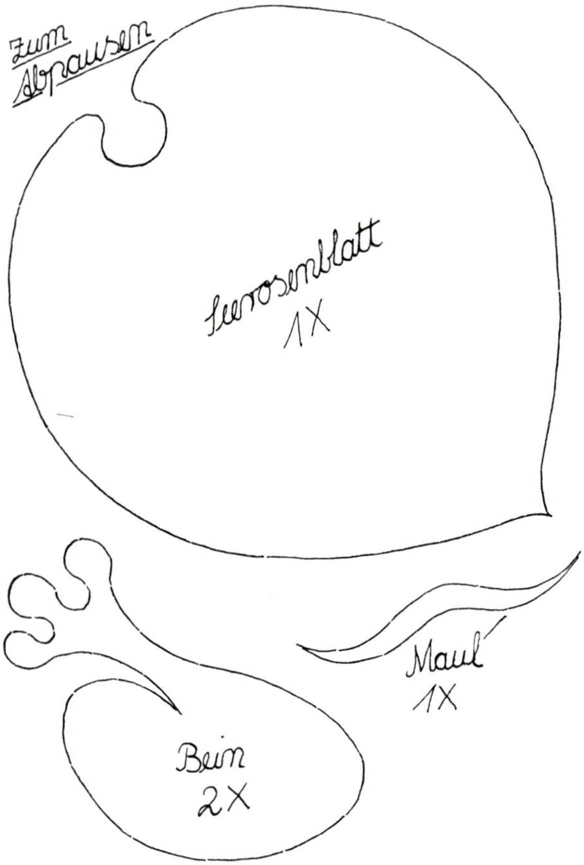

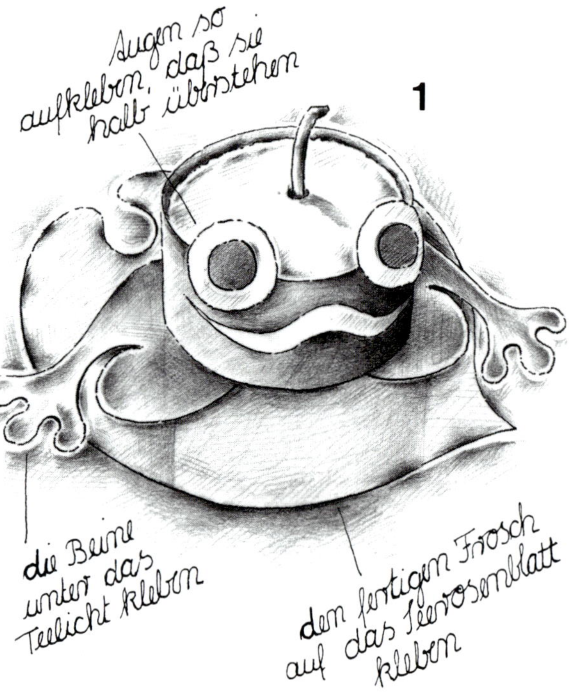

Nachdem du das Teelicht mit grüner Plaka-Farbe bemalt hast, klebst du die einzelnen Teile daran fest (Zeichnung 1).

Fisch:
Das Teelicht für den Fisch kann silbern bleiben. Auf der nächsten Seite findest du die Pausmuster für Seiten- und Schwanzflossen. Auch hier mußt du das Muster für die zweite Seitenflosse umdrehen.

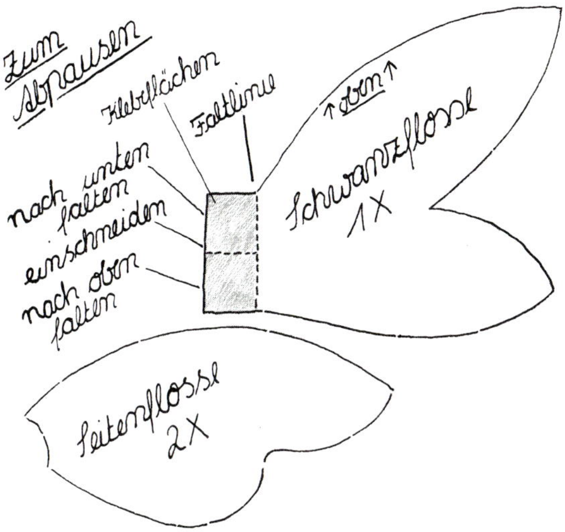

Die Augen machst du genauso wie beim Frosch. Das Maul wird einfach mit Plaka-Farbe aufgemalt. Auf der Zeichnung 2 siehst du, wie die Flossen an das Teelicht geklebt werden.
Jetzt kommt jedes Tier in sein Glas, damit es am Abend leuchten kann…

2

Pusteböllchen

1 Korken, Lochraspel
1 Plastiktrinkhalm
mit „Knick“
5 Stecknadeln
Aluminiumfolie

Als erstes bohre mit der Lochraspel ein Loch längs durch den Korken und erweitere dieses so, daß der Trinkhalm mit dem kurzen Ende nach dem „Knick“ hindurchpaßt.

Sitzt der Trinkhalm fest im Korken, dann stecke die Nadeln rund um die obere Öffnung hinein.

Nun brauchst du noch ein paar geeignete Pusteböllchen: Kugeln aus Aluminiumfolie mit etwa 7–9 mm Durchmesser eignen sich gut, noch besser sind Papierkugeln (Bastelladen).

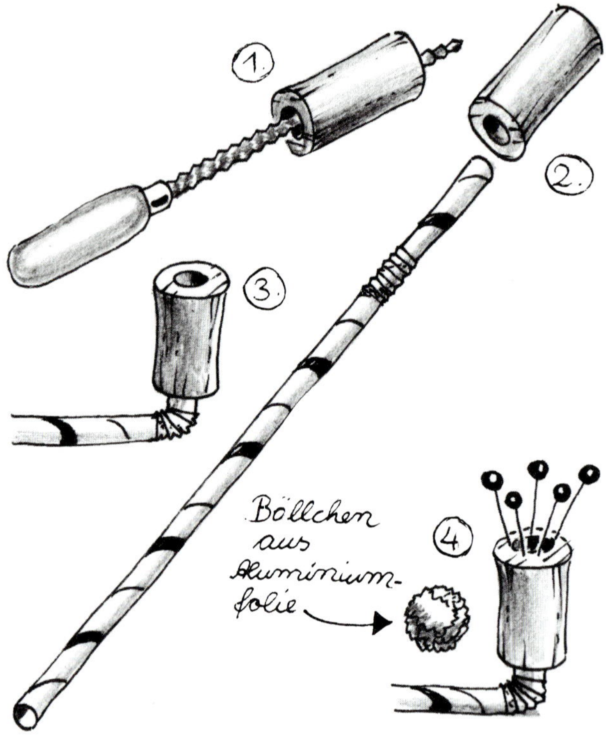

Setze ein Bällchen auf die Öffnung zwischen den Nadeln, puste am anderen Ende in den Strohhalm – und das Bällchen schwebt frei in der Luft!

Die Puzzle-Post

1 Ansichtskarte
1 Briefumschlag
größere Schere

Willst du mal eine Ansichtskarte verschicken, die sich der Empfänger erst zusammenpuzzeln muß, bevor er sie lesen kann?

Dann schreibe zuerst deinen Text, wobei du die ganze Rückseite benutzen kannst. Nun zerschneide die Karte mit geraden Schnitten in mehrere verschieden große Streifen. Danach zerteile diese Streifen in einzelne Stücke (Zeichnung auf der nächsten Seite). Sämtliche Teile steckst du in einen Briefumschlag, beschriftest und frankierst ihn und schickst ihn ab.

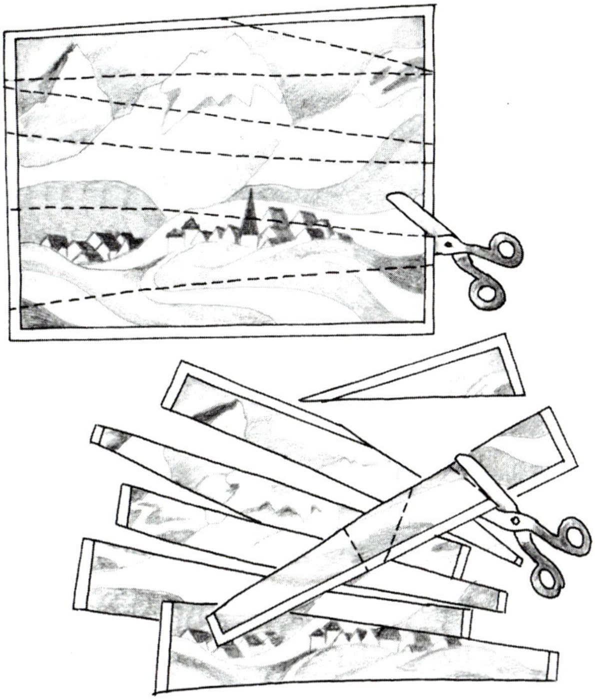

Ob der Empfänger wohl mit dem Puzzeln fertig wird, bis du von der Reise zurück bist…?

Es müssen nicht unbedingt Ansichtskarten sein, die du auf diese Weise verschickst. Du kannst auch ein selbstgemaltes Bild oder einen Prospekt vom Ferienort in ein Puzzle verwandeln und zusammen mit einem Gruß verschicken.
Oder möchtest du dir vielleicht selber ein Puzzle basteln? Du wirst dich wundern – es ist gar nicht so einfach, die Teile wieder richtig zusammenzulegen.

Fruchtiger Sommer-Salat

Du brauchst dazu 1 Pfirsich, 1 Birne, 2 Aprikosen, etwa 150 g Kirschen, Saft von einer halben Zitrone und 2 Eßlöffel Zucker. Zuerst das Obst gut waschen. Dann Pfirsich, Birne und Aprikosen in kleine Stücke schneiden. Alle Früchte in eine Schüssel geben, zuckern, Zitronensaft darübergießen und gut mischen. Etwa 1 Stunde ziehen lassen. Ganz lecker schmeckt Schlagsahne oder Vanilleeis dazu.

Eismilch

Zuerst gibst du vier Eßlöffel Himbeersirup in ein Glas. Dann setzt du eine Kugel Vanilleeis darauf und schüttest gut gekühlte Milch darüber.

Alle deine Tiere

Kennst du schon die Freunde vom Bastelbär?
Das sind die Uckis, die Wackelschildkröte,
das Riesenkrokodil, Familie Putt-Pick,
sein Vetter Hampelbär, der kleine Bastelbär
und viele andere.
Alle gehören zur großen Familie der Basteltiere.
Sie wohnen am liebsten in Kinderzimmern und
mögen es gerne, wenn man mit ihnen spielt.

Vielleicht möchtest du, daß diese Tiere auch
deine Freunde werden. Wie du das anstellen
kannst, zeigt dir der Bastelbär hier.

Hampelbär

2 runde Bierdeckel
fester farbiger Karton
farbiges Papier
Butterbrotpapier
4 Versandklammern
Stickgarn, 1 Holzperle
Schere, UHU-Klebstoff

Bastelbär und Hampelbär – das sind zwei gute Freunde. Und so bekommst du deinen Hampelbären: Klebe die Bierdeckel auf das farbige Papier und schneide die überstehenden Teile rundherum ab. Arm und Bein von nebenan abpausen und zweimal auf den Karton übertragen. Achte beim zweiten Mal darauf, daß du das Pauspapier umdrehst, damit du jeweils ein linkes und ein rechtes Teil bekommst! Die Ohren ausschneiden und an den einen Bierdeckel kleben.

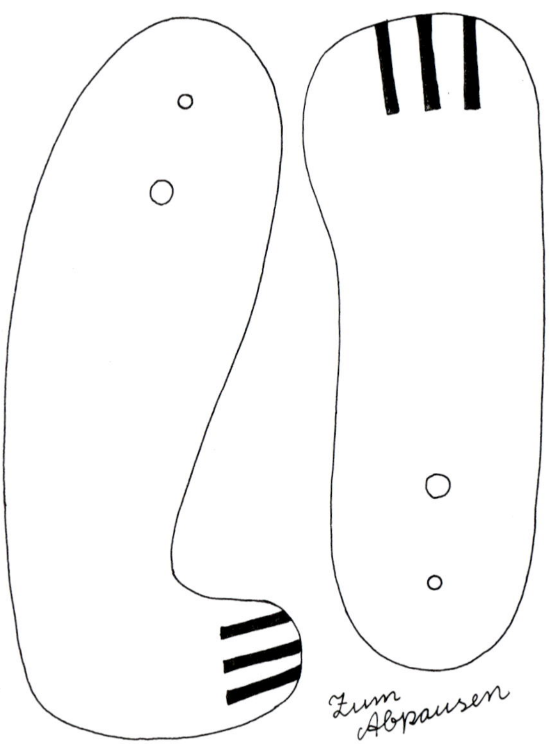

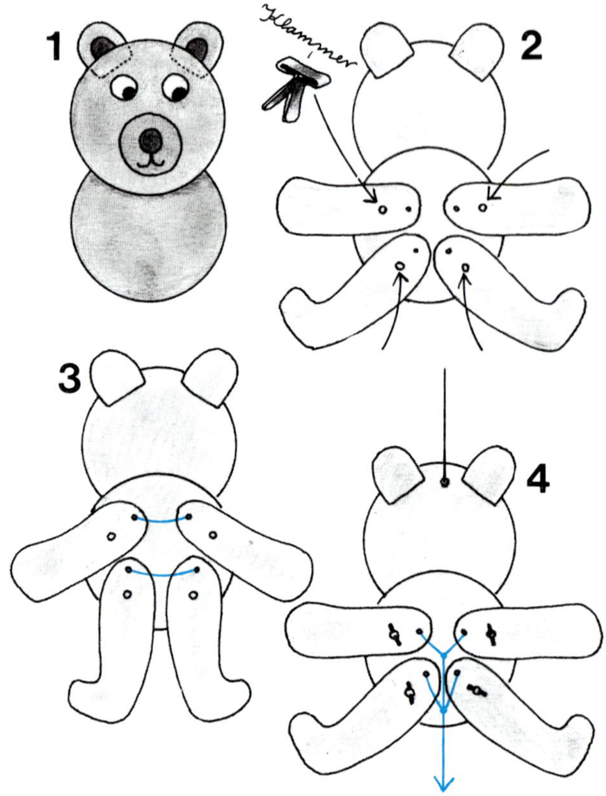

Aus farbigem Papier das Innere der Ohren, Augen und Nase ausschneiden und aufkleben. Jetzt ist der Kopf fertig und wird an den anderen Bierdeckel geklebt (Zeichnung 1).

Damit der Bär hampeln kann, mußt du folgendes tun: Mit der Schere in Arme und Beine ein größeres Loch für die Klammern, darüber in 1 cm Abstand ein kleineres Loch für den Faden bohren (Abpausmuster!).
Arme und Beine auf die Körperrückseite legen. Durch die großen Löcher hindurch gleich große Löcher in das Körperteil bohren (Zeichnung 2).

Die Arme werden mit einem Faden verbunden, die Beine ebenso (Zeichnung 3).

Die Fadenenden verknoten. Die 4 Versandklammern von vorne durch den Körper, die Arme und Beine stecken. Nur leicht umbiegen, damit sich die Glieder gut bewegen können.
Einen längeren Faden in der Mitte der Armverbindung und in der Mitte der Beinverbindung

festknoten (Zeichnung 4). Die Enden durch eine Perle fädeln. Zum Aufhängen einen Faden durch ein Loch zwischen den Ohren ziehen und verknoten.

Familie Putt-Pick

Leere Klopapierrollen
rotes und weißes Papier
Wasserfarben
Schere, UHU-Klebstoff

Vater Hahn, Mutter Henne und viele kleine gelbe Küken – das ist die Familie Putt-Pick.

Vater Hahn entsteht aus einer leeren Klopapierrolle, die bunt angemalt wird. Kamm, Schnabel, Kehllappen und Füße kannst du von nebenan abpausen, auf rotes Papier übertragen und ausschneiden. Kamm und Füße an der Innenseite der Rolle befestigen. Den Schnabel in der Mitte knicken, ankleben und den Kehllappen darunter-setzen. Die Augen werden aufgemalt. Nun noch die prächtigen Schwanzfedern aus bunt bemaltem

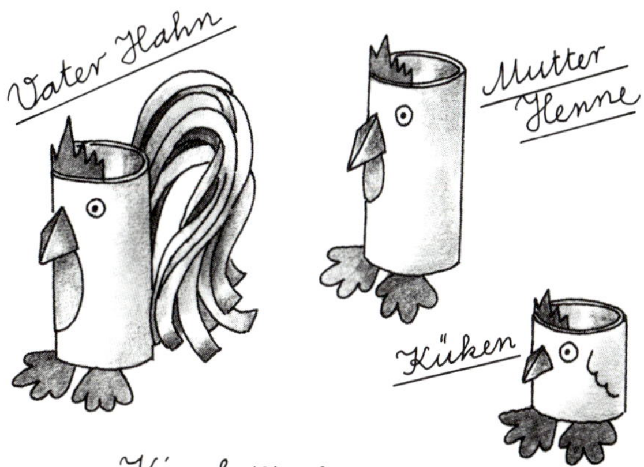

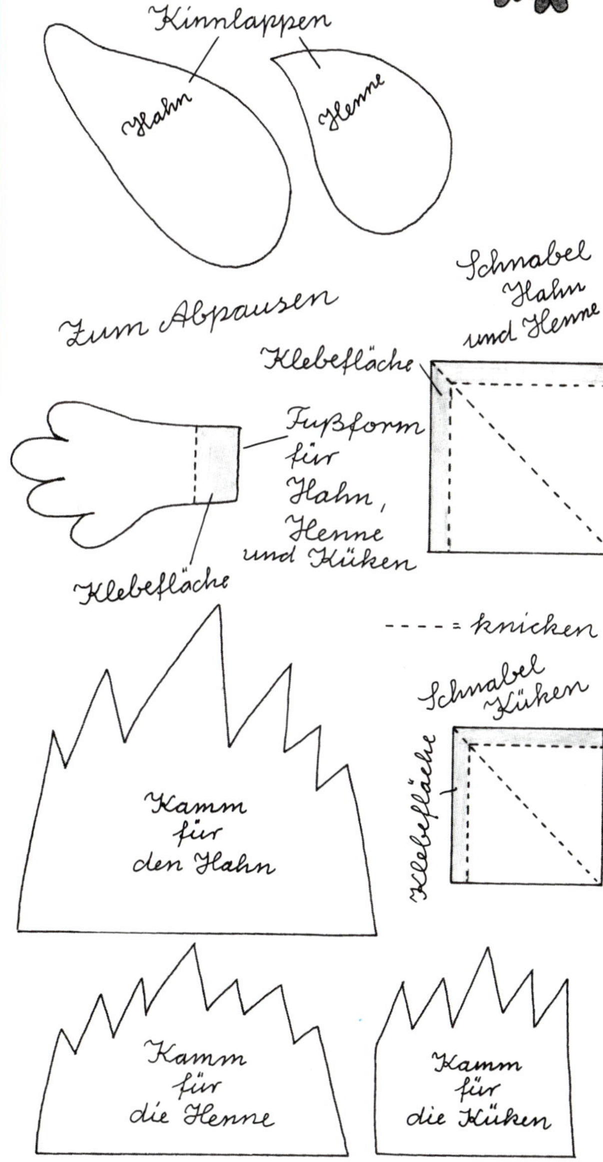

Papier zurechtschneiden und mit Klebefilm ankleben. Für **Mutter Henne** machst du genau dasselbe. Sie hat jedoch keine bunten Schwanzfedern und einen kleineren Kamm und Kehllappen. Für ein **Küken** schneidest du eine Klopapierrolle in der Mitte durch. Male sie gelb an und klebe dann Schnabel, Füße und den kleinen Kamm an. Flügel und Augen werden aufgemalt.

Elefanten-Trompete

Buntes Schreibpapier
Butterbrotpapier
Filzstifte, Schere

Dieser Papier-Elefant kann so laut trompeten, wie ein echter Elefant!

Pause den Elefanten und die Ohren (von unten) auf ein gefaltetes Stück Schreibpapier. Schneide die Formen aus, klebe auf beide Seiten die Ohren an. Male Augen und Zehen auf.
Zum Blasen preßt du die auseinandergeklappten Schwanzenden mit Zeige- und Mittelfinger an den Mund (siehe Foto auf dem Buchumschlag). Bläst du jetzt kräftig durch die beiden Finger in den Elefanten hinein, gibt es ein echtes mächtiges Elefanten-Trompeten-Signal!

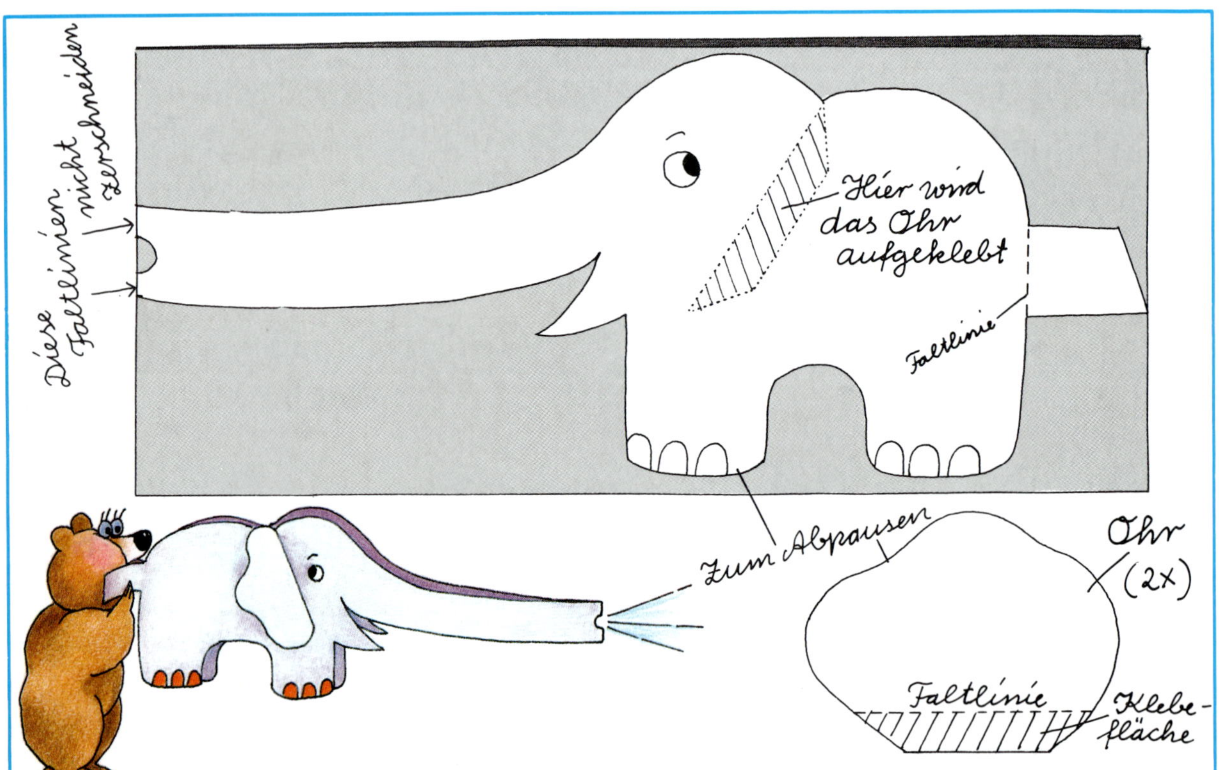

Vogel, Katze und Giraffe

Verschiedenfarbiges
Ton- und Buntpapier
Kreppapier
Butterbrotpapier
Filzstifte, Schere
leere Streichholzschachteln
UHU-Klebstoff, Klebefilm

Alle Schachtel-Tiere haben einen kleinen, geheimnisvollen Trick: Du kannst ihre Körper öffnen und etwas darin verstecken – keiner wird es finden.
Oder du nimmst ein Schachtel-Tier als ganz besondere Verpackung für ein kleines Geschenk (zum Beispiel zum Kindergeburtstag).

Der Vogel
Zuerst faltest du ein Stück Ton- oder Buntpapier 1mal übereinander. Darauf paust du den Vogelkopf (von unten) und schneidest ihn aus. Dann klebst du den Kopf vorn und hinten an die quergestellte Streichholzschachtel, so wie es die Zeichnung zeigt. Schnabel, Auge und Kamm werden aus Buntpapier aufgeklebt und aufgemalt. Die „Federn" für den Schachtelkörper schneidest du aus Kreppapier und klebst sie schuppenförmig auf.

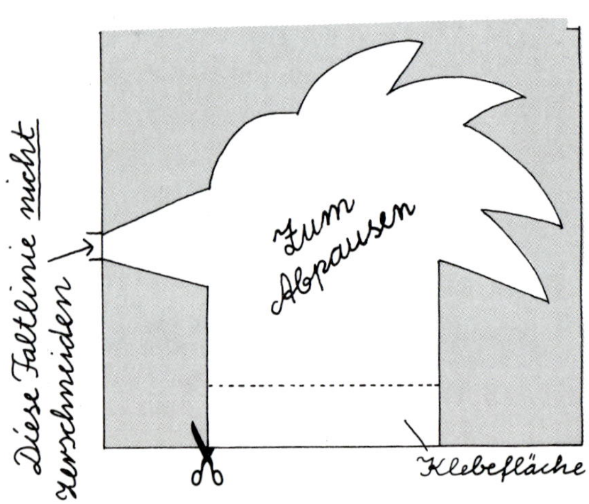

Jetzt heftest du noch mit Klebefilm einen Schwanz an das Schachtelfach. Wenn du am Schwanz ziehst, öffnet sich die Schachtel.

Die Katze und die Giraffe
Diese beiden Schachtel-Tiere bastelst du nach den Zeichnungen hier so ähnlich wie den Vogel. Die Muster auf den Tieren kannst du dir selber ausdenken.

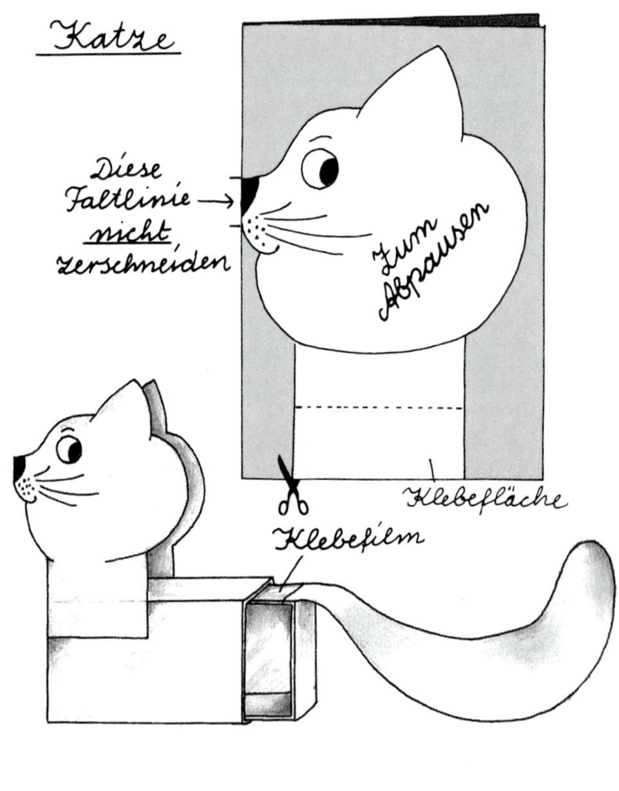

Bei der Giraffe läßt sich das Schachtelfach nach unten herausziehen: Die Giraffe wächst!

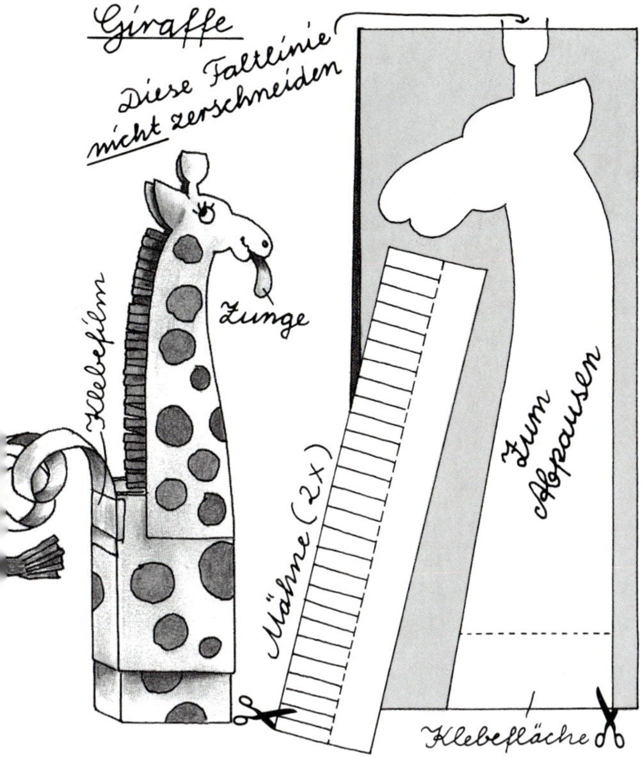

Die Uckis kommen!

Verschiedenfarbiges Tonpapier
Buntpapier
Butterbrotpapier
Schere, UHU-Klebstoff

Solche kleinen Fantasy-Geister kommen vielleicht von einem anderen Stern. Immer sind sie in Scharen unterwegs… Schau mal, wie leicht du die Uckis ausschneiden und wie verschieden du sie falten und gestalten kannst.

Pause die verschiedenen Figuren (A – C) auf ein gefaltetes Tonpapier und schneide sie aus.

An 2 Stellen gibt es noch Extra-Einschnitte. Falten lassen sich alle Uckis, wie du willst. Nur die Füße biegst du immer nach vorn, dagegen die Standflächen nach hinten. Mit bunten Papieren klebst du die uckigen Gesichter auf.

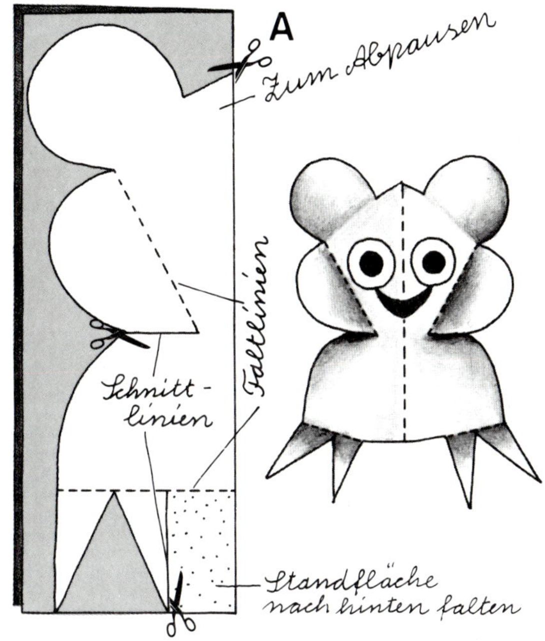

Aus den Abpaus-Figuren B und C kannst du noch andere verrückte Uckis basteln.

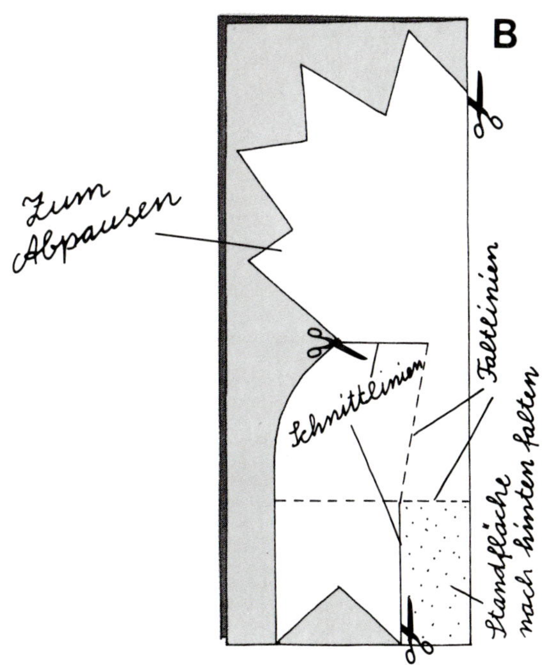

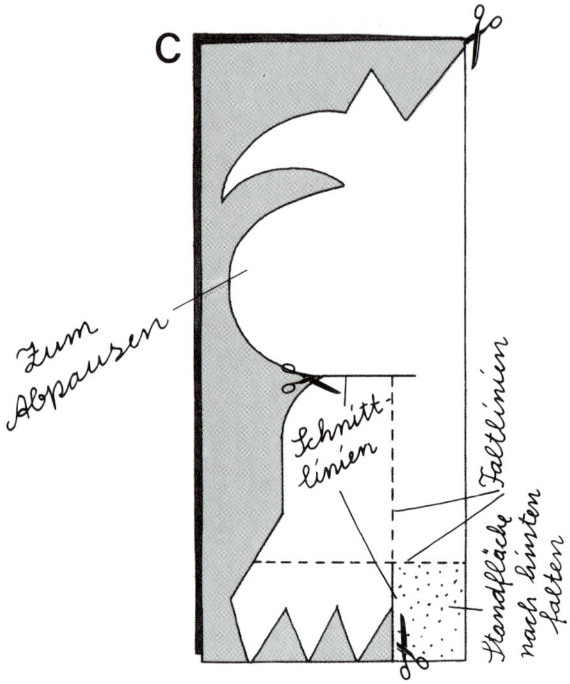

Auf dem Foto von Seite 91 siehst du, wie bunt-verschieden deine Ucki-Sammlung aussehen kann.

Kleiner Bastelbär

Stoff- oder Filzreste
Butterbrotpapier
Stickgarn
Watte, Stecknadeln
Schere und Nähnadel

Was ein richtiger „Bastelbär ist, der bastelt sich einen Bären selber.

Die Form kannst du von unten abpausen. Schneide sie aus und stecke sie auf deinem Stoff oder Filz fest. Dann entlang den Umrissen ausschneiden. Dies machst du zweimal. Die beiden Teile werden aufeinandergelegt und mit Stickgarn umnäht. Nur der obere Teil mit den beiden Ohren bleibt offen (Zeichnung 1).
Jetzt stopfst du mit der Watte den Bären so dick

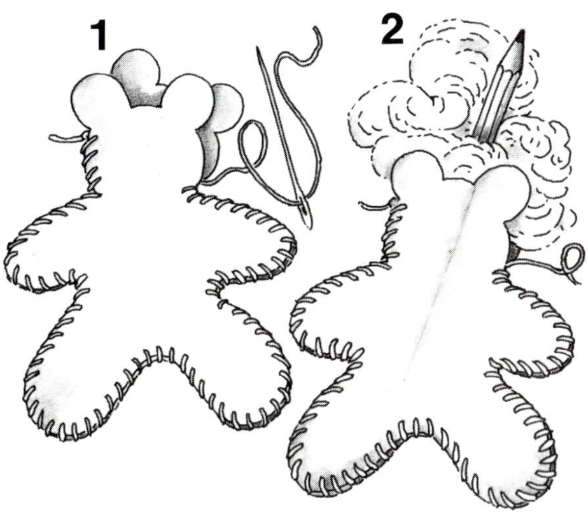

wie möglich aus. Nimm einen Bleistift zu Hilfe, damit kommst du besser in alle Teile (Zeichnung 2). Zum Schluß wird das letzte Stück zusammengenäht, und der Teddy bekommt noch ein Gesicht. Du kannst es entweder aufsticken oder mit kleinen Perlen aufnähen.

Bunte Schnecken

Leere Schneckenhäuser
Knetmasse, Unterlage
Wasserfarben

Male die Schneckenhäuser mit Wasserfarben bunt an. Während sie trocknen, formst du aus der Knetmasse die Körper mit dem Kopf und den langen Stielaugen. Vergiß die Unterlage nicht, bevor du mit dem Kneten beginnst!

Wenn du mit dem Formen fertig bist, setze die Schneckenhäuser auf die Körper. Anstelle der Schneckenhäuser kannst du auch halbe Walnußschalen nehmen.

Mäuschen

1 Walnußhälfte
Leder- oder Stoffreste
graue und schwarze Farbe
fester Karton
Schere, UHU-Klebstoff

Mit dem Mäuschen oder anderen Nußtieren (Seite 99) kannst du schöne Geschenke basteln. Dazu zeichnest du den Umriß der Nußhälfte auf festen Karton, schneidest diesen aus und klebst ihn als Boden unter die Nuß.

1

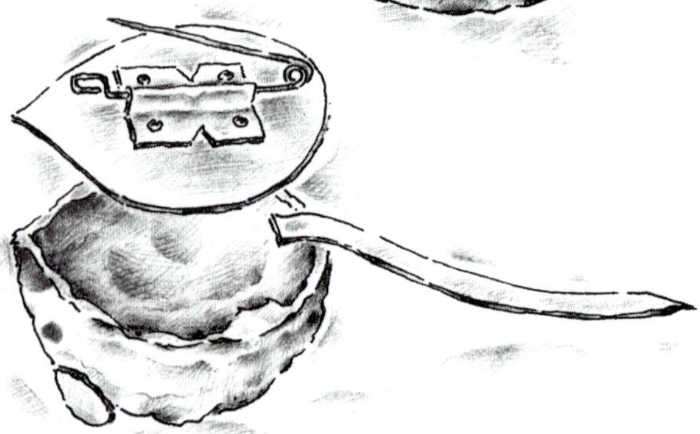

2

An dem Boden läßt sich nun alles mögliche befestigen: Broschenverschluß, Band, kleiner Magnet, Haarspange, Wäscheklammer… (Zeichnung 2).

Bemale die Nußschale mit grauer Farbe. Aus Leder oder Stoff schneidest du Ohren und Schwanz aus und klebst sie an den entsprechenden Stellen an die Nuß. Augen und Schnäuzchen werden schwarz aufgemalt (Zeichnung 1).

Schnattertiere

Mehrere Walnußhälften
festes Papier
Butterbrotpapier zum Abpausen
Federn
Wasserfarben
Schere, UHU-Klebstoff

Bemale zuerst die Nußschalen. Auf das Papier kannst du das Pausmuster für die Köpfe mehrmals übertragen und ausschneiden. Augen und Schnäbel werden aufgemalt. Die Einschnitte müssen so groß sein, daß die Köpfe auf die Nußschalen gesteckt werden können.
Zum Schluß klebst du noch die Federn in die Nüsse.

Pausmuster

Krabbelkäfer

Mehrere Walnußhälften
farbiges und schwarzes Tonpapier
Butterbrotpapier zum Abpausen
Wasserfarben
Samen, Ästchen, getrocknete Pflanzen…
Schere, UHU-Klebstoff

Wenn du für deinen Käfer Beine brauchst, kannst du sie von unten abpausen.
Für Flügel, Fühler und weiteren Schmuck laß dich vom Foto auf Seite 97 anregen, um dann ähnliche oder eigene neue Prachtkäfer zu basteln.

Wackelschildkröte

1 große Walnußhälfte
farbiges Tonpapier
Butterbrotpapier zum Abpausen
dünner Blumendraht
Siegellack (Schreibwaren)
Rundfeile
Schere, UHU-Klebstoff

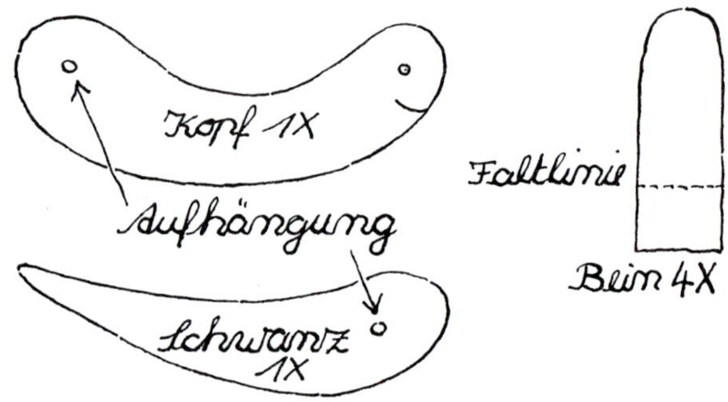

Die Körperteile kannst du abpausen und auf das Tonpapier übertragen.
Schneide sie aus, male Augen, Nase und Mund darauf und bohre die Löcher. Durch die beiden Löcher steckst du je ein Stückchen Blumendraht und biegst es zu einer Schlinge (Zeichnung 1).

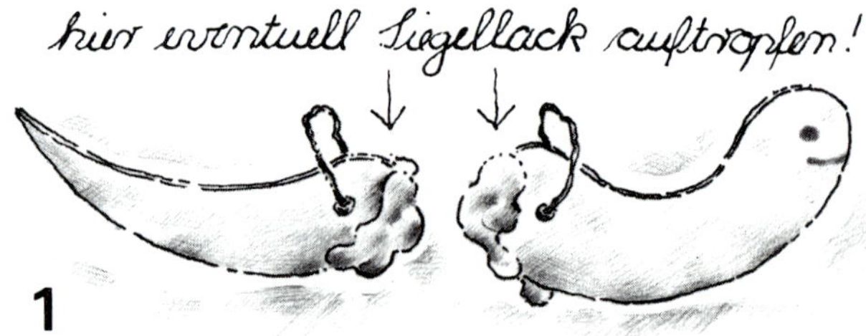

1

Nun feilst du mit der Rundfeile hinten und vorne an der Nußhälfte Halbkreise aus (Zeichnung 2).

An einem 4 cm langen Drahtstück biegst du die Enden zu Haken um und klebst das Stück mit Siegellack an der Nußwölbung fest (Zeichnung 3). Hänge die Schlingen von Kopf und Schwanz in die Haken. Sie sollten unbedingt im Gleichgewicht sein. Kippen sie nach vorne oder hinten, so kannst du auf der Körperseite noch Siegellack auftropfen, bis das Gleichgewicht hergestellt ist.

2

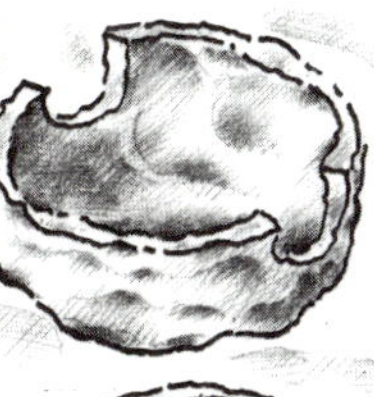

3

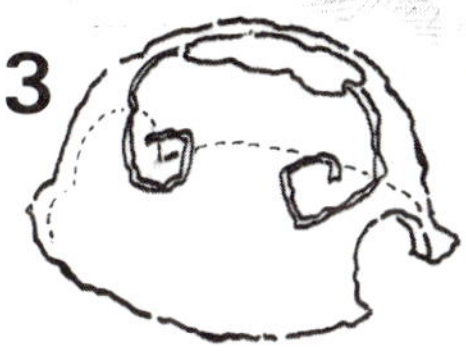

4

Die Füße werden in rechtem Winkel abgebogen und innen am Nußrand festgeklebt (Zeichnung 4).

Marienkäfer

Halbe Walnußschalen
schwarzes Papier
Butterbrotpapier
Wasserfarben
Schere, UHU-Klebstoff

Magst du die kleinen roten Käfer auch so gerne? Wenn du dir selber welche bastelst, hast du das ganze Jahr hindurch Glückskäferchen in deinem Zimmer.

Male die Nußschalen zuerst rot an. Dann werden die Flügelumrisse, die Punkte und der Kopf mit Schwarz darübergemalt (Zeichnung 1). Den unteren Teil des Körpers kannst du von nebenan abpausen, auf schwarzes Papier übertragen und ausschneiden. Die Nußschale daraufkleben und den Kopf mit den Fühlern etwas nach oben biegen (Zeichnung 2).

1

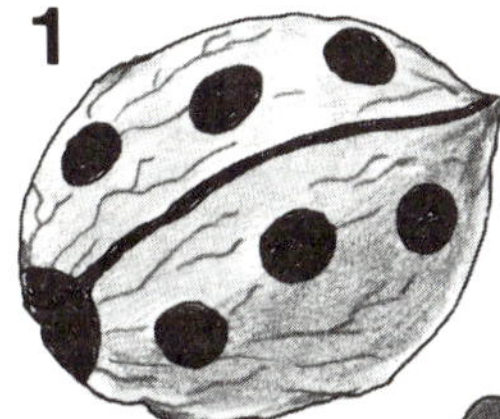

2

Im Klammer-Zoo

Einige Wäscheklammern
fester weißer Karton
Butterbrotpapier zum Abpausen
Farbe zum Anmalen
Wolle, Federn
Schere, UHU-Klebstoff

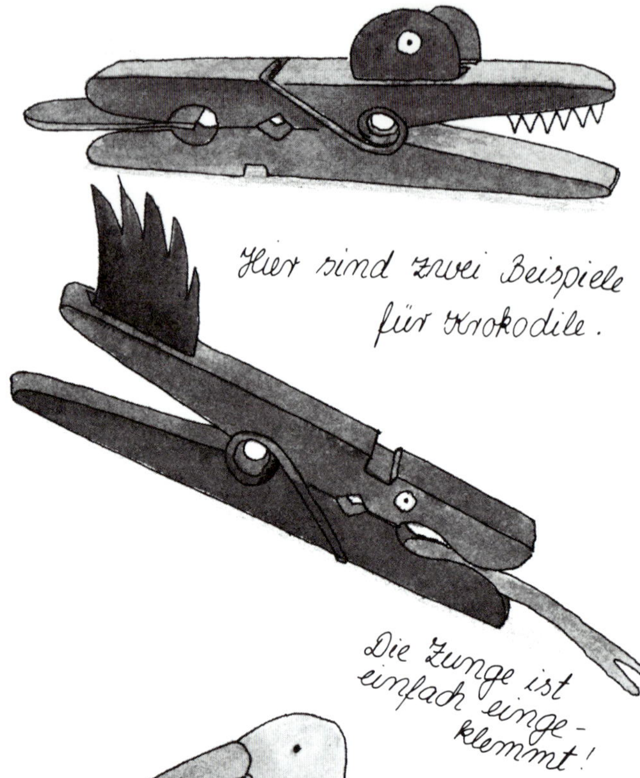

Im Klammerzoo leben Elefanten, Flamingos, Krokodile, Mäuse, wilde Streifennashörner und viele andere Klammertiere, die du noch erfinden kannst.

Die Tierkörper werden aus Karton ausgeschnitten und bekommen dann Klammerbeine. Du kannst auch ihre Zähne und Schwänze auf Klammern kleben.

Auf der nächsten Seite findest du ein paar Tiere zum Abpausen.
Mit Wolle, Federn und Farbe kannst du die tollsten Tiere für deinen Klammerzoo erfinden!

Schwan und Ente

2 Holzwäscheklammern
fester weißer Karton
Butterbrotpapier zum Abpausen
Plakafarbe
ein paar Federn
Schere, UHU-Klebstoff

Der Schwan und die Ente können richtig schwimmen – entweder in einer Wasserschüssel oder auf einem echten Teich.

Du schneidest aus Karton die Formen aus. Rechts siehst du sie noch einmal genau. Wenn du magst,

kannst du sie abpausen. Die gestreifte Fläche knickst du nach hinten um und klebst sie auf die

Klammer. Dann malst du deine beiden Vögel an, am besten mit wasserfesten Plakafarben.

Damit sie dir nicht wegschwimmen, kannst du eine Schnur festklemmen. Wenn du jetzt noch ein paar Federn aufklebst, sind dein Schwan und deine Ente fast lebendig geworden…

Riesenkrokodil

Zeitungspapier
Tapetenkleister (125 g)
ein alter Eimer
grüne Plakafarbe
Wasserfarben
1 dicker und
1 dünner Pinsel

Das letzte Tier soll auch das größte werden: ein „Riesen-Kleister-Papier-Krokodil“.

Je nach Größe des Krokodils wird eine viertel bis eine halbe Packung des Kleisters mit Wasser angerührt. Für die Grundform des Krokodils knüllst du mehrere lockere Kugeln aus Zeitungspapier. Tauche zwischendurch deine Hände in Kleister

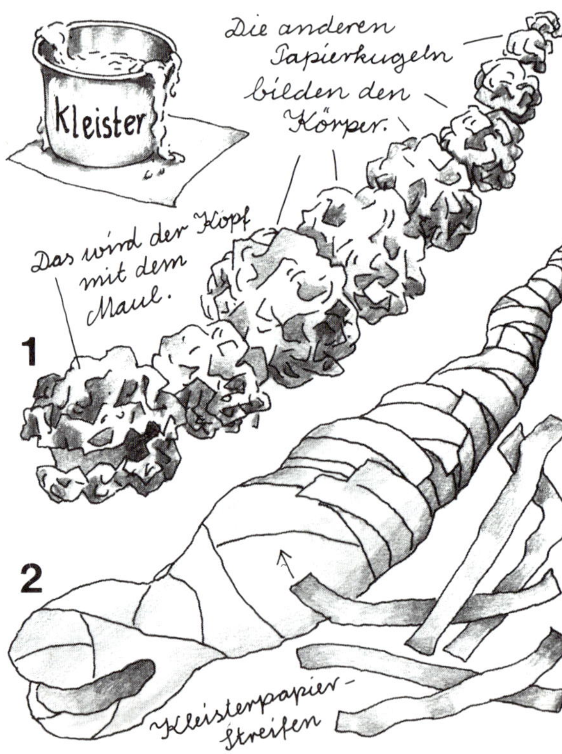

und klebe die Kugeln nebeneinander. Aus der vordersten Kugel formst du das Maul (Zeichnung 1).

Eine große Seite Zeitungspapier mit Kleister bestreichen und um die Kugelreihe wickeln. Die Körperform zurechtdrücken. Mehrere Lagen Kleisterpapier-Streifen kreuz und quer um den Körper kleben (Zeichnung 2). Vier halbe Zeitungsseiten mit Kleister bestreichen, zusammenrollen, etwas drehen und als Beine an den Körper kleben. Um die Klebestellen werden mehrere Papierstreifen geklebt, damit die Beine gut halten (Zeichnung 3). Einen breiten Papierstreifen in Kleister tauchen, ausdrücken (Zeichnung 4). Die Augen werden aus Kleisterpapierstückchen geformt.

Nun muß das Krokodil etwa 4 – 5 Tage trocknen. Dann verdünnst du die Plakafarbe mit etwas Wasser und malst das Krokodil an. Die Augen werden mit Deckweiß, das Maul mit Wasserfarben bemalt. Ganz gefährlich sieht es aus, wenn du noch Zähne aus weißen Papierzacken in das Maul klebst.

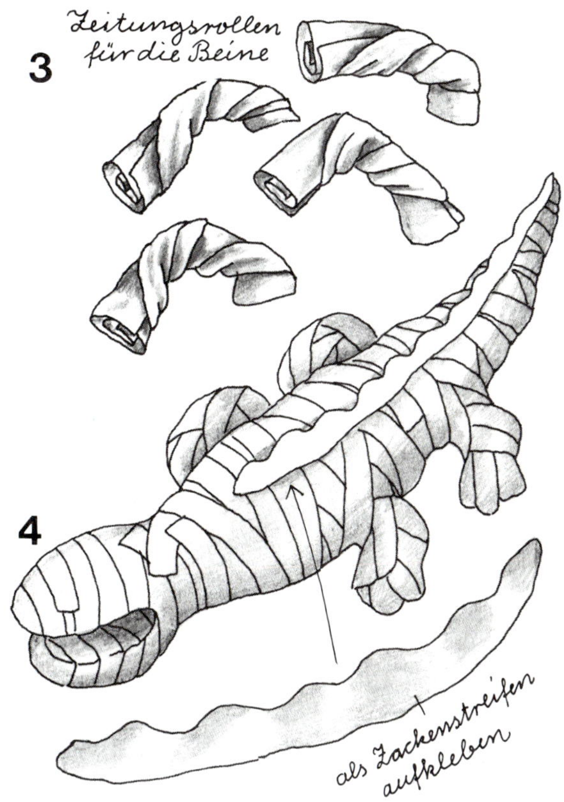

Wer spielt mit?

Farben kegeln, Bäumchen pflanzen,
Mäuse fangen, Löwen bändigen…
Hier findest du eine Menge
lustige Spiele für drinnen und draußen.

Die Spielpläne und -figuren kannst du
alle selber machen.
Bitte doch deine Freunde, daß sie dir beim
Basteln helfen, dann kann der Spielespaß
schon bald beginnen.

Flunderspiel

Farbiges Seidenpapier
Schere
UHU-Klebstoff

Hast du gesehen – zu diesem Spiel brauchst du nur ganz wenig Material. Doch du wirst staunen, was für ein lustiges Wettspiel daraus entsteht.

Schneide aus dem Seidenpapier zwei Flundern aus. Sie sollten etwa 30 cm lang sein.
Dann klebe noch die Augen auf.

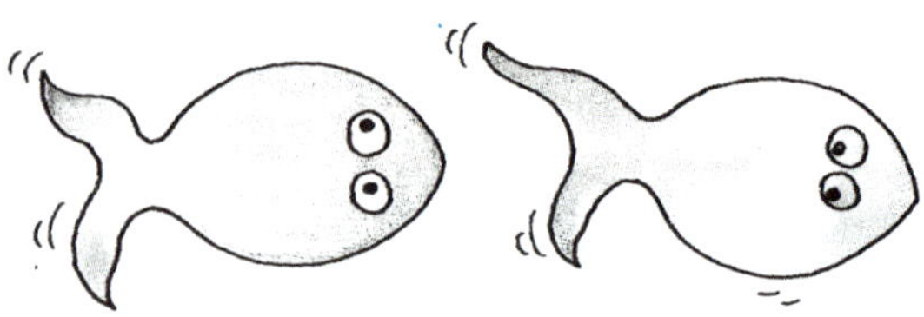

Spielregel:
Ein Wettspiel für zwei Spieler.
Jeder erhält eine zusammengefaltete Zeitung, eine „Flunder" und einen flachen Teller. Die „Flunder" liegt vor dem Spieler auf dem Boden, der Teller steht gegenüber, möglichst weit weg.
Auf „Los" schlagen die Spieler mit der Zeitung die Fische vor sich her in Richtung Teller. Wer als erster seine „Flunder" auf dem Teller hat, ruft „Mahlzeit!" und ist Sieger.

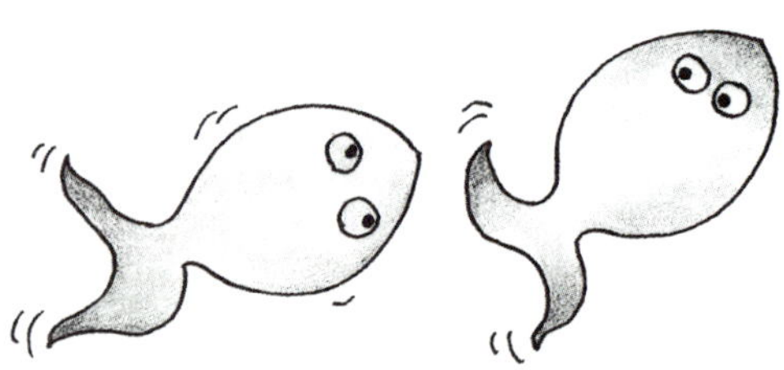

Pustetüten

Buntes und
weißes Papier
2 glatte Schnüre,
jede etwa 4 – 5 m lang
Schere, UHU-Klebstoff

„Pustetüte" – Tüten pusten, das kann jeder!
An zwei gespannten Schnüren hängen, mit der Öffnung nach vorn, zwei Tüten. Durch Hineinblasen sausen sie vorwärts. Wer als erster seine Tüte ans andere Schnurende geblasen hat, ist „Pustekönig".

Aus dem bunten Papier werden etwa 20 x 20 cm große Quadrate geschnitten. Du kannst dir auch weißes Papier selber bunt bemalen.
Die Quadrate rollst du zu einer spitzen Tüte und klebst sie zusammen (Zeichnungen 1 und 2).

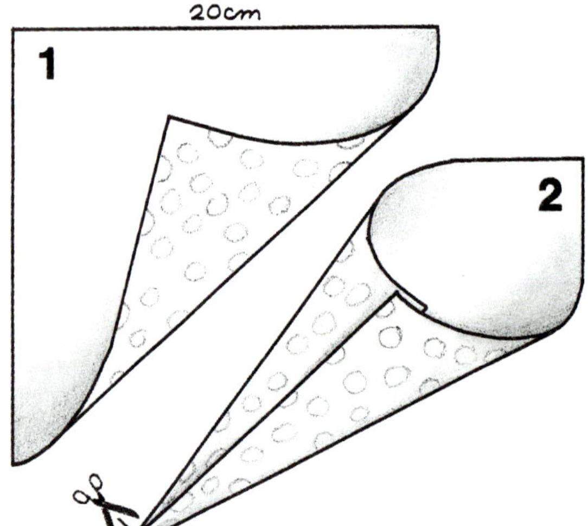

Die Spitze wird ganz knapp abgeschnitten, so daß eine kleine Öffnung entsteht. Durch diese fädelst du die Schnur, bevor sie gespannt wird. Achte darauf, daß die Schnur glatt ist, damit die Tüten gut rutschen.

5
10
5
5
5
20
10
5
10
20
20
10

Löwenbändigerspiel

1 Zeichenblockpappe
gelber Pappteller
gelbes Papier
gelbes Kreppapier
rote Papierservietten
Sand, Alufolie
Schere, UHU-Klebstoff

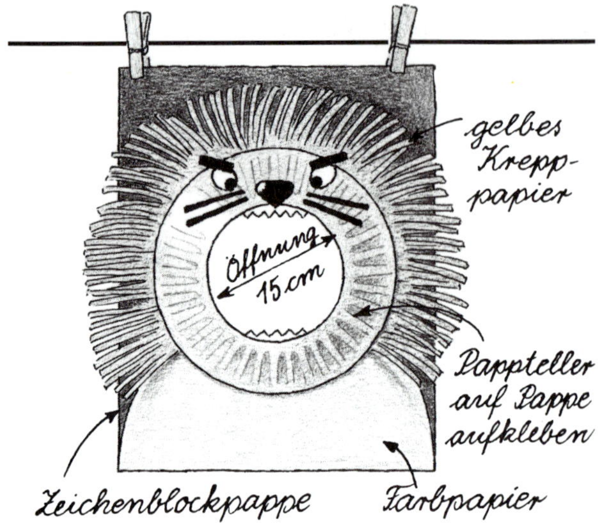

Für den Löwen schneidest du zunächst den Boden aus dem Pappteller, das ist das Löwenmaul. Dann klebst du aus weißem und schwarzem Papier Nase, Augen und Schnurrhaare auf den gelben Tellerrand.
Schneide aus gelbem Kreppapier einen 10 cm breiten und etwa 1 m langen Streifen zu. Falte den Streifen mehrmals und schneide dann mit der Schere dicht an dicht Fransen in den Streifen. Das ist die Löwenmähne.

Bestreiche die Tellerrandkante von innen mit Klebstoff und klebe dort das gefranste Kreppapier fest. Die Mähne wird schön dicht, wenn du dasselbe wiederholst.
In die Zeichenblockpappe schneidest du dann eine Öffnung, die 3 – 4 cm größer ist als das Löwenmaul. Bevor du als allerletztes den Löwenkopf aufklebst, schneide aus gelbem Papier den Oberkörper aus und klebe ihn auf die Pappe.

Die „Fleischstückchen" machst du aus roten Servietten, in die du kleine Häufchen Sand (in Alufolie eingewickelt!) füllst.

Und so wird „gefüttert":
Spannt eine Wäscheleine und klammert den Löwen daran fest.
Jeder Mitspieler versucht nun, aus 2 m Entfernung dem Löwen nacheinander 5 „Fleischstückchen" in den Rachen zu werfen.
Ist ein Mitspieler fertig oder trifft er daneben, kommt der nächste dran. Jeder Treffer zählt einen Punkt und wird aufgeschrieben. Trifft man fünfmal hintereinander, bekommt man einen Zusatzpunkt. Nach mindestens 3 Runden zählt jeder seine Punkte zusammen. Wer die meisten Treffer hatte, ist Löwenbändiger und darf den Löwen mit nach Hause nehmen!

Bänder- und Brezelspiel

**Breitere Geschenkband-
reste
weißer Karton
Filzstifte
einige kleine Brezeln
Wäscheleine
Schere, Locher**

Zunächst schneidest du aus dem weißen Karton 20 – 30 runde Scheiben aus, die einen Durchmesser von etwa 5 cm haben sollten. Mit einem Locher stanzt du an zwei gegenüberliegenden Seiten Löcher ein. Dann schreibst du auf eine Seite verschiedene Zahlenwerte: ein Drittel der Scheiben hat die Zahl 5, ein Drittel die Zahl 10 und der Rest die Zahl 20.

Nun schneide aus den Geschenkbändern 40 cm lange Bänder zu (so viele, wie du Scheiben hast, und noch einige mehr für die Brezeln). Durch jede Scheibe ziehst du ein Band, so wie es die Zeichnung zeigt. Dann knote die Bänder im Abstand von 20 cm an einer Wäscheleine fest. Verwende nach Möglichkeit den abgebildeten Knoten. Er öffnet sich sofort bei leichtem Zug, und das ist wichtig für das Spiel.

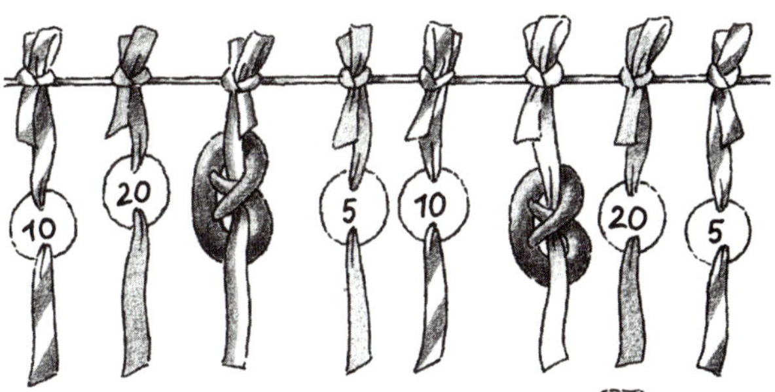

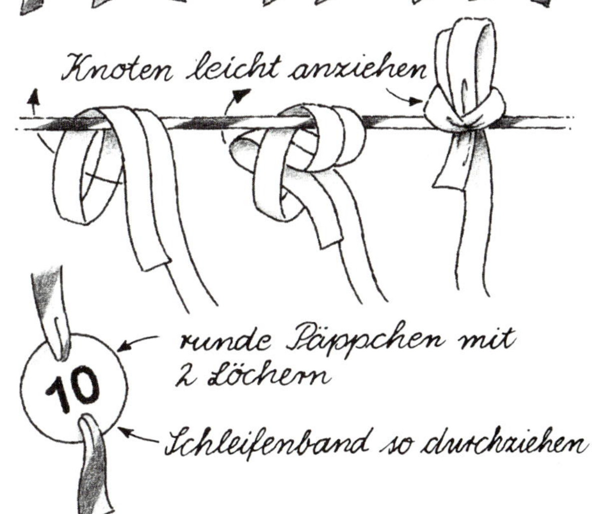

So werden die Bänder und Brezeln geschnappt:
In 2 Meter Höhe wird die Wäscheleine mit den Bändern gespannt. Alle Kinder stellen sich darunter, die Hände auf dem Rücken (nicht schummeln!). Durch Hochspringen und Schnappen mit dem Mund versucht jeder, so viele Bänder und Brezeln wie möglich von der Leine zu holen. Die ergatterten Bänder schnell beiseite legen! Hat jemand eine Brezel geschnappt, darf er zum Schluß seine zusammengezählten Punkte verdoppeln. Das kann noch so manchen „Schnapp-Pechvogel" zum Gewinner machen…

Fang die Maus!

1 weißer Plastikbecher
Korken (so viel wie Mitspieler)
farbige Wolle
farbiges Papier
Filzstifte
UHU-Klebstoff
Schere
1 Würfel

Aufgepaßt, ihr Mäuse – die Katze liegt auf der Lauer! Wer reagiert am schnellsten, wenn sie zupackt? Dies ist ein spannendes Spiel für beliebig viele Spieler.

Die Ohren der Tiere werden aus verschiedenfarbigem Papier ausgeschnitten und an Becher und Korken geklebt. Achte darauf, daß der Becher für die Katze auf dem Kopf steht.
Die Augen der Mäuse werde mit Filzstift aufgemalt. Die der Katze kannst du aus Papier ausschneiden und aufkleben.
Für die Mäuseschwänze werden je 60 cm lange Fäden fest um die Korken gebunden und für die Barthaare kurze Wollfäden angeklebt.

Spielregel:
Die Spieler sitzen im Kreis. Jeder erhält eine Maus, einer die Katze und den Würfel. Die Mäuse werden dicht beisammen in die Mitte gestellt und am Schwanz festgehalten.
Nun wird gewürfelt. Bei einer Eins und einer Sechs muß die Katze die Mäuse fangen.
Wer nicht schnell genug seine Maus weggezogen hat, ist gefangen. Er tauscht mit der Katze und geht nun selber auf Mäusejagd.
(Wenn zwei Mäuse gefangen wurden, kann einer würfeln und der andere fangen.)

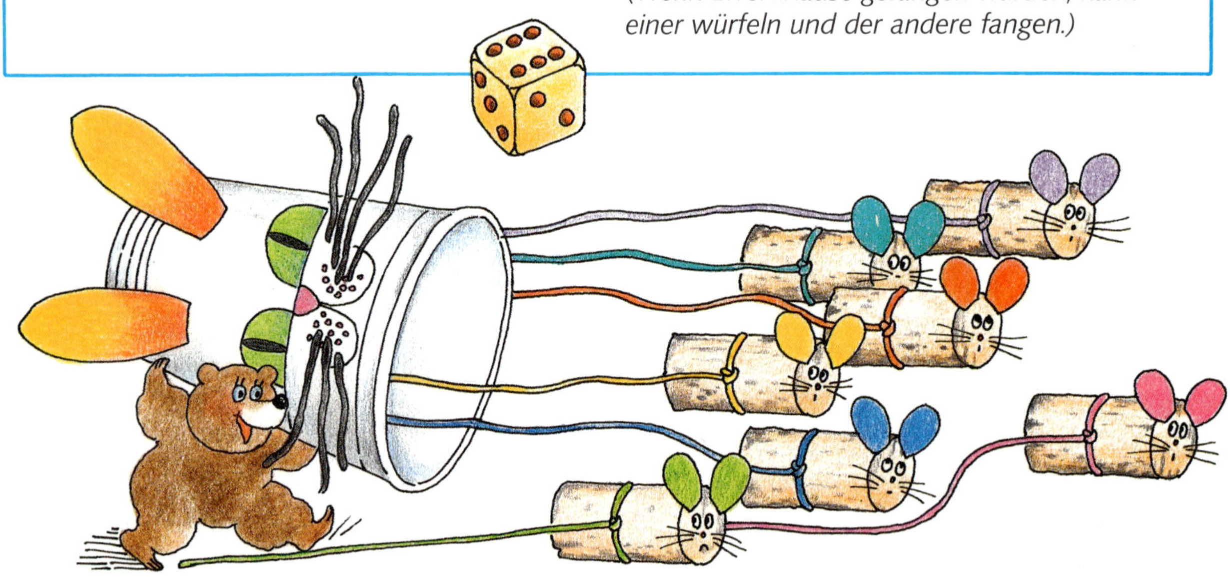

Sandmädchen

Bunte Stoff- und Garnreste
Sand, Papierkugeln
stabiler Karton
farbiges Papier
Butterbrotpapier
Stecknadel, Filzstifte
Schere, UHU-Klebstoff
1 Wender für Pfannen

Bei diesem Spiel fliegen bunte Sandmädchen in den Himmel und bringen von dort Wolken, Mond und Sterne mit.

Die Spielfiguren
Du brauchst pro Spieler eine Sandmädchen-Figur. Schneide einen Stoffrest zu einem etwa 12 x 12 cm großen Stück zurecht. In die Mitte häufelst du den Sand (etwa 3 gestrichene Teelöffel).

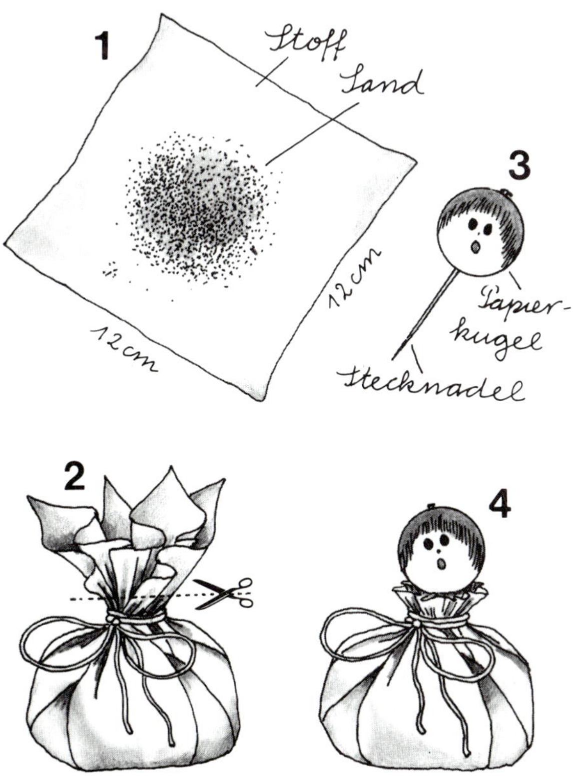

Mit einem Stück Garn wird der Stoff nun so fest zusammengebunden, daß ein pralles Säckchen entsteht. Die Stoffenden knapp über dem Faden abschneiden. Bitte jemand größeren, dir dabei zu helfen.
Auf eine Papierkugel malst du Gesicht und Haare. Der Kopf wird mit einer Stecknadel auf das Säckchen gesteckt – und schon ist das erste Sandmädchen fertig.

Der Spielplan
Er sollte 40 x 40 cm groß sein. Schneide den festen Karton zurecht und bemale oder beklebe eine Seite mit Blau – das ist der Himmel. Nun brauchst du noch 1 Mond, 2 Sternschnuppen, 4 Wolken und 5 Sterne. Du kannst sie von der nächsten Seite abpausen, auf farbiges Papier übertragen und ausschneiden.

Sterne, Mond und Wolken werden lose auf den Spielplan gelegt. Dazwischen sollte ein Sandmädchen gut Platz haben.

Als **Schleuder** dient ein Wender für Pfannen. Ein Sandmädchen auf das Stielende setzen und den vorderen breiten Teil rasch herunterdrücken – schwupp – schon fliegt das Sandmädchen durch die Luft.

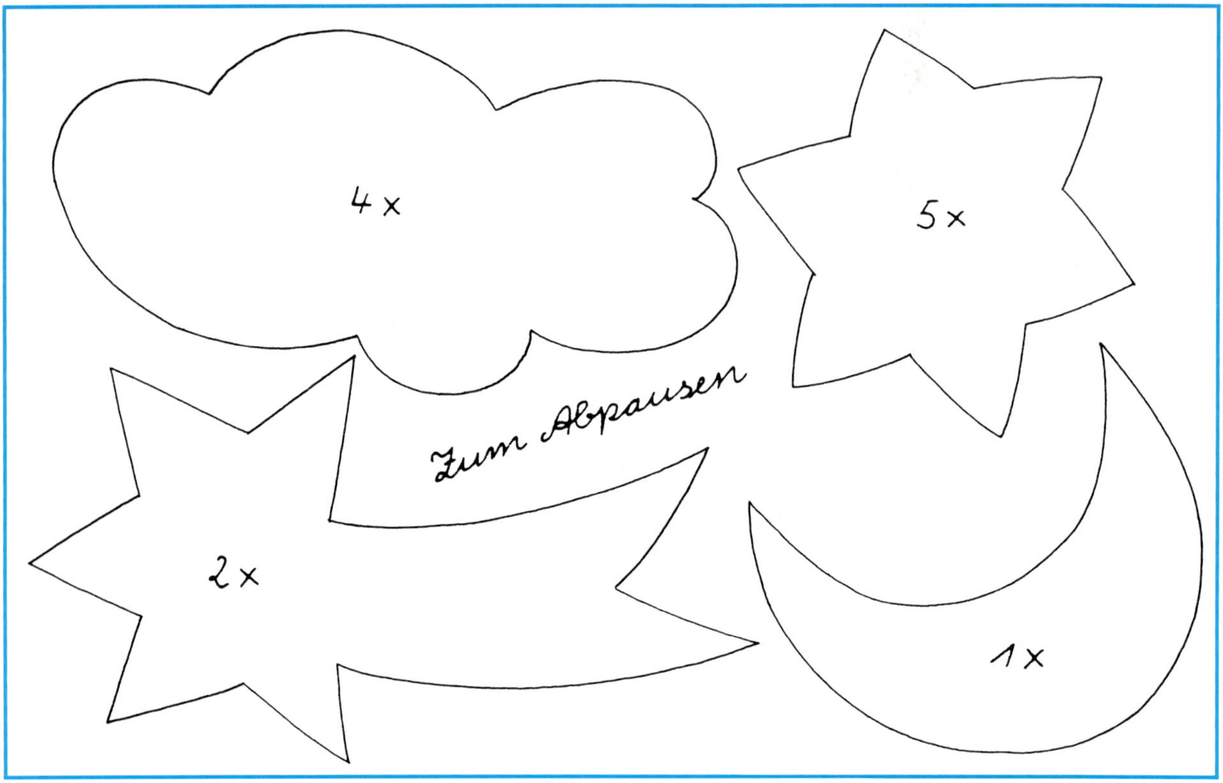

Und so geht das Spiel:
Jeder Mitspieler bekommt ein Sandmädchen. Die „Schleuder" liegt direkt vor dem Spielplan. Einer beginnt und versucht, sein Sandmädchen so in den Himmel zu schleudern, daß es dort auf eine Figur plumpst beziehungsweise eine Figur berührt. Gelingt ihm das, darf er diese Figur vom Himmel nehmen und behalten. Trifft er ins Blaue, kommt der nächste Spieler an die Reihe. Wenn keine Figur mehr am Himmel ist, zählt jeder nach, was sein Sandmädchen ihm mitgebracht hat: Der Mond bekommt 20 Punkte, 1 Sternschnuppe 15, 1 Stern 10 und 1 Wolke 5 Punkte. Wer die meisten Punkte hat, dem wird heute eine extra lange Gute-Nacht-Geschichte erzählt…

Farben kegeln

9 Korken
farbiges Papier
9 abgebrannte Streichhölzer
Wellpappe, Wasserfarben
Schere, UHU-Klebstoff
1 größere Glasmurmel

Hier heißt es nicht „Alle neune!", sondern „Alle Farben!"

Die Spielfiguren
Das sind 9 Kegel, jeder in einer anderen Farbe. Beklebe dazu die Korken mit farbigem Papier, doch prüfe vorher, ob alle gut stehen. Zum Schluß werden bunte Papierfähnchen um die Streichhölzer geklebt und diese in die Korken gesteckt.

Die Kegelbahn
Knicke die beiden Wellpappe-Streifen einmal der Länge nach in der Mitte, damit sie stehen können. Dann male sie bunt an.

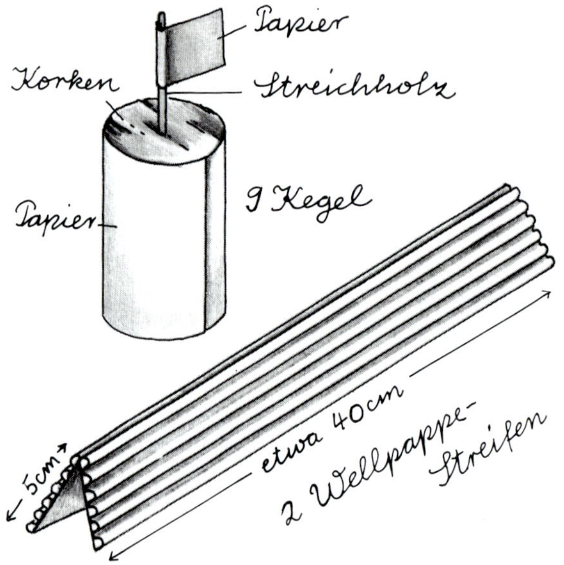

So wird gekegelt:
Gespielt wird auf einer glatten Tischfläche. Die Kegel werden in Dreierreihen im Abstand von 4 cm neben- und voreinander aufgestellt. Die Wellpappestreifen werden wie eine Kegelbahn hingestellt.

Einer beginnt und versucht, die Murmel so zu **rollen**, *daß sie einen oder mehrere Kegel umstößt. Auf dem Zettel wird angekreuzt, welche Farbe(n) getroffen wurde(n). Die Kegel werden wieder aufgestellt und der nächste kommt dran. Wer als erster jede Farbe angekreuzt hat, ist Sieger.*

Treffpunkt im Spielhaus

Mitten im Park steht ein Spielhaus. Dort wollen sich die bunten Murmeln treffen.

Zuerst wird der Schuhkartondeckel innen und außen angemalt. Auf der Zeichnung nebenan siehst du, wie die Glühbirnen-Schachtel zum Spielhaus wird: Die beiden großen Deckel-Laschen ganz, von den 4 kleinen Laschen $^{2}/_{3}$ abschneiden. Mit farbigem Papier bekleben und ein rundes Tor herausschneiden. Es muß so groß sein, daß deine Murmeln gut durchrollen können. Ein Stück festes Papier bemalen oder bekleben und als Dach aufkleben.

Unten siehst du das Pausmuster für eine große Hecke; du kannst daraus auch zwei kleine

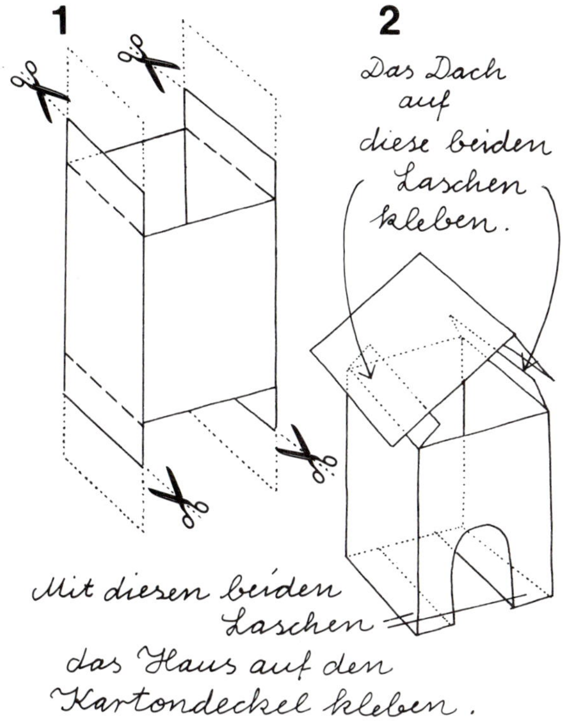

machen. Nach dem Abpausen auf festes Papier übertragen und von beiden Seiten bekleben oder bemalen. Nun werden das Haus und mindestens 2 Hecken in den Schuhkartondeckel geklebt (Foto auf Seite 113). Je mehr Hecken du hast, desto schwieriger wird dein Geduldspiel.

Jetzt wird „gekugelt“:
Dieses Spiel kannst du alleine spielen und dabei deine Geschicklichkeit und deine Geduld testen.
Zuerst versuchst du, eine Kugel in das Haus zu bringen, dann zwei und nach und nach immer mehr.

Wenn du mit deinen Freunden spielen willst, braucht ihr dazu eine Uhr: Wer schafft es, daß sich in zwei (oder mehr) Minuten drei (oder mehr) Kugeln im Spielhaus „versammeln“?

Bäumchen pflanzen

Grünes u. gelbes Kreppapier
blaues Tonpapier
1 Schuhkartondeckel
braunes Geschenkpapier
Butterbrotpapier, Schere
UHU-Klebstoff, Klebefilm

In diesem Würfelspiel kannst du dich wie ein richtiger Baumgärtner fühlen. Erst setzt du kleine Bäume in die Erde ein. Danach gießt du die Bäumchen tüchtig, damit sie auch zum Blühen kommen. Bald blüht ein ganzer Wald!

Bäumchen
Vielleicht bastelst du die Spielfiguren und das Spielfeld gleich zusammen mit 1 oder 2 Mitspielern. Das macht mehr Spaß und geht schneller:
Aus grünem Kreppapier schneidet und wickelt ihr die Bäumchen – im ganzen 18 Stück.
Jedes Bäumchen wird am unteren Ende fest mit Klebefilm umwickelt (Zeichnungen 1–3).

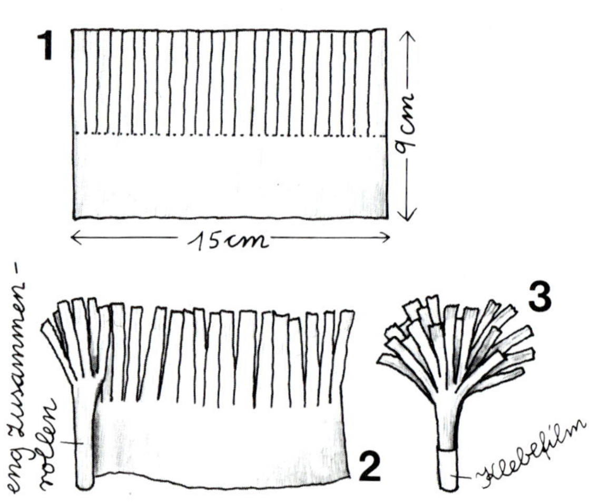

Wasser und Blüten
Paust euch die Wasser-Form 18mal auf blaues Tonpapier und schneidet sie aus.
Die 18 Blüten schneidet ihr aus gelbem Krepppapier. Von der Mitte des Papierquadrats her dreht ihr kleine vierblättrige Blütenformen zusammen (Zeichnungen 4 und 5).

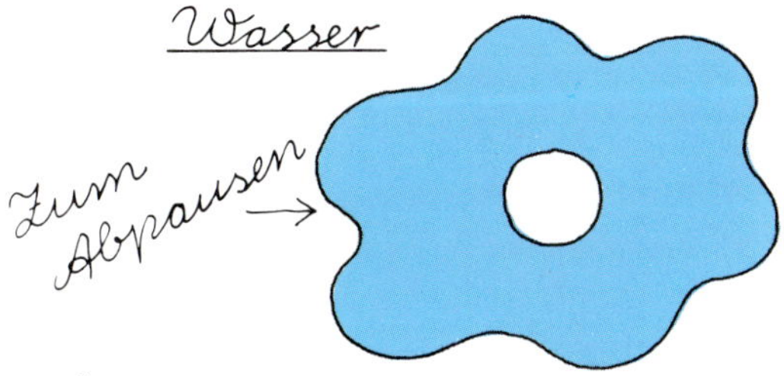

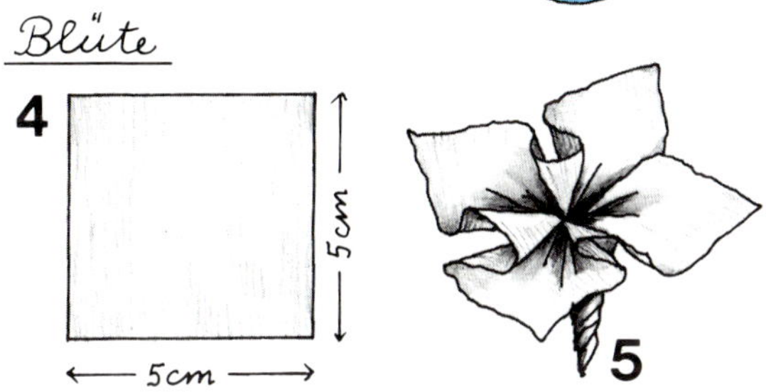

Spielfeld und Farbwürfel
Ein Schuhkartondeckel ist das Spielfeld. Ihr beklebt ihn mit braunem Papier und stecht 18 Löcher hinein. – Als Farbwürfel wird ein normaler Würfel mit je 2 grünen, blauen und gelben Papierstückchen beklebt.

Jeder Spieler macht sich eine Liste, in der er immer ankreuzt, was er gewürfelt hat. Und das sieht so aus:

Spielregel (für 2 – 3 Spieler):
18 Bäumchen, 18 Wasserformen und 18 Blüten liegen für jeden Spieler erreichbar auf dem Tisch. Das Spielfeld mit seinen 18 Löchern ist noch leer. Beim Würfeln mit dem Farbwürfel werden nach und nach 18 Bäumchen gepflanzt: erst in die Erde eingesetzt, dann gegossen und schließlich zum Blühen gebracht. Nun wird reihum gewürfelt. GRÜN bedeutet: Nimm dir ein Bäumchen vom Tisch und setze es in ein Loch auf dem Spielfeld. BLAU bedeutet: Nimm dir ein Wasser und stecke ein noch ungegossenes Bäumchen hinein. Gibt es kein solches Bäumchen auf dem Spielfeld, ist nichts zu tun. GELB bedeutet: Schmücke ein gegossenes Bäumchen mit einer Blüte. Ein ungegossenes Bäumchen kannst du nicht zum Blühen bringen. Wer eine Farbe würfelt, aber nichts tun kann, darf noch ein 2. Mal würfeln. Gegen Ende des Spiels wird es keine Bäumchen mehr zu pflanzen geben. Dann wird langsam auch das Wasser knapp. Aber erst wenn das allerletzte Bäumchen gegossen und erblüht ist, steht der größte Baumpflanzer fest: Wer hat die meisten Bäumchen eingesetzt und gegossen und zum Blühen gebracht?

Laterne, Laterne…

Bald ist Martinstag – und wenn du die Kindergärtnerin bittest, daß sie mit euch viele Eulenlaternen bastelt, wird beim Laternenumzug eine große Eulenfamilie leuchtend durch die Straßen ziehn…

Stablaternen eignen sich prima für Gartenfeste, man kann sie einfach in den Boden stecken.

Hast du schon mal einen Laternengruß verschickt? Auf Seite 125 siehst du, wie er gebastelt wird.

Goldenes Licht

Schwarzes Tonpapier
goldenes Metallpapier
Schere, UHU-Klebstoff

Schneide einen Tonpapierstreifen von etwa 50 cm Länge und 16 cm Breite aus. Er wird wie bei der Eule (Seite 122) in vier gleich große Teile eingeteilt. Aus jedem Teil schneidest du ein Fenster aus.

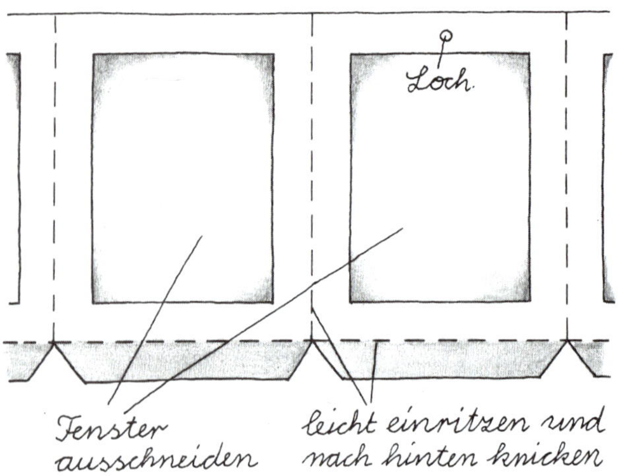

Nun brauchst du vier Goldpapierstücke, die etwas größer als die Fenster sind. Sie werden längs zusammengefaltet und mehrmals schräg eingeschnitten.

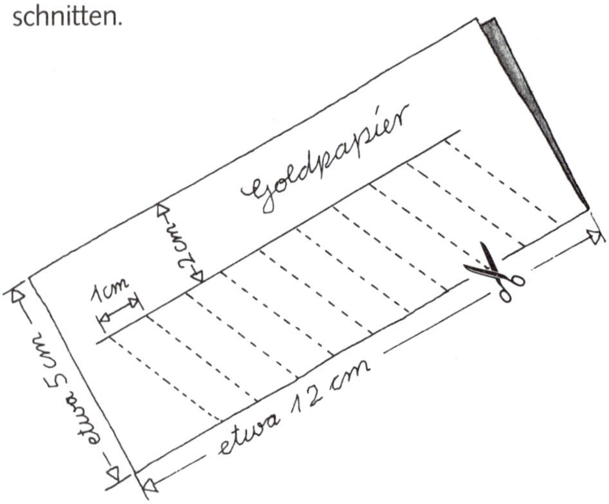

Nachdem du die Teile wieder auseinandergefaltet hast, wird jede zweite Spitze nach oben geknickt.

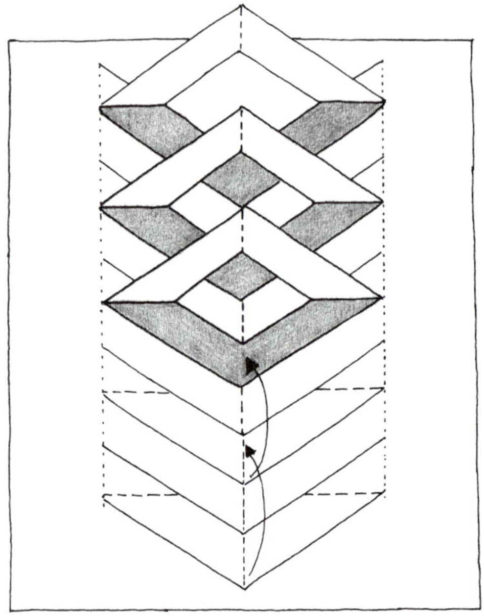

Hinter jedes Fenster klebst du ein Stück Goldpapier. Dann wird die Laterne genau wie bei der Eule eingeritzt, geknickt und zusammengeklebt. Zum Schluß setzt du noch einen 12 x 12 cm großen Boden darunter.

Stablaterne

Farbiges Tonpapier
Drachenpapier in verschiedenen Farben
Wellpappe
Schere, UHU-Klebstoff
alter Besenstiel oder Holzstab

Zeichne die Form von Seite 121 in der richtigen Größe viermal auf das Tonpapier und schneide sie aus. Die Klebeflächen werden leicht eingeritzt. Aus jedem Teil wird ein Fenster ausgeschnitten (mit einem angeklebten Fensterkreuz). Hinterklebe jedes Fenster mit farbigem Drachenpapier.

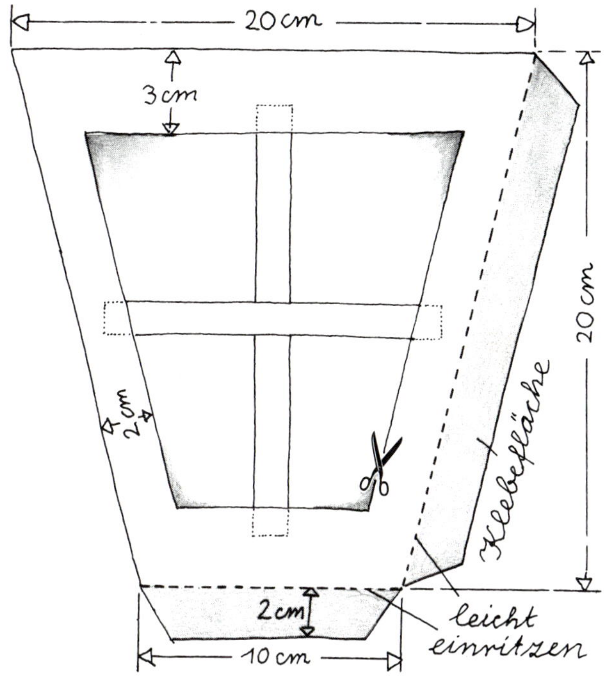

Für die Befestigung am Stab nimmst du lange Wellpappestreifen, die etwa 3 cm breit sind. Sie werden so lange fest um das eine Stabende geklebt, bis du einen Sockel mit einem Durchmesser von etwa 6 cm hast. Laß zwischen den einzelnen Schichten den Klebstoff antrocknen. Auf diesen Sockel klebst du die Laterne.

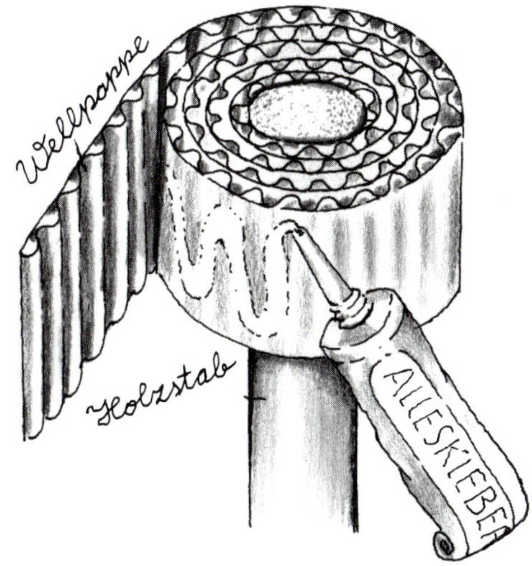

Danach klebst du die 4 Teile und den Boden (10 x 10 cm) aneinander.

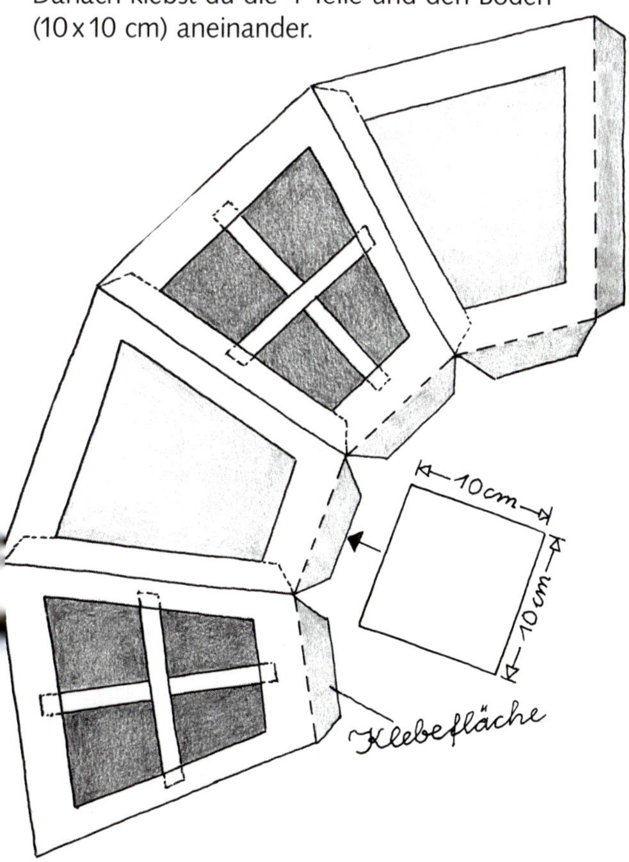

Und so entsteht eine **Doppellaterne:**
Übertrage die beiden Formen (unten) in der richtigen Größe jeweils viermal auf das Tonpapier. Dann bastle zwei Laternen und schneide runde und eckige Fenster heraus. Zum Schluß klebst du beide Laternen aufeinander.

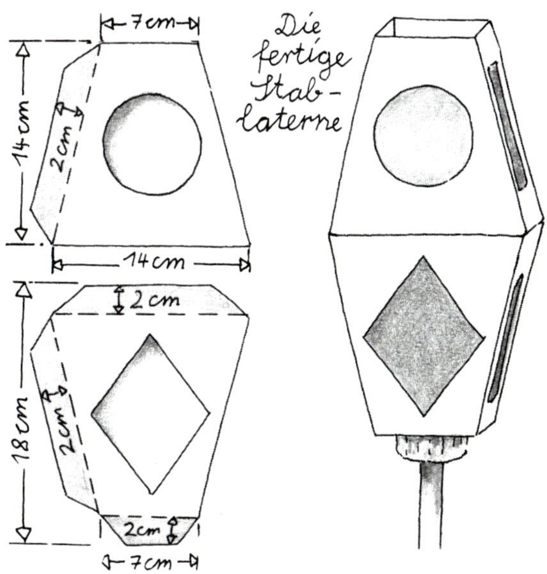

Eulenfamilie

Schwarzes Tonpapier
Drachenpapier in verschiedenen Farben
scharfes Messer, Schere
UHU-Klebstoff, Klebefilm

Für eine mittelgroße Eule brauchst du einen Tonpapierstreifen von 50 cm Länge und 17 cm Breite. Zeichne mit Bleistift und Lineal vier gleich große Teile und die Klebeflächen auf.
Auf der Zeichnung siehst du, wie das Tonpapier eingeschnitten und geknickt wird und auf welches Teil das Eulengesicht kommt. Das Knicken geht besonders leicht, wenn du die Linien zuvor mit einem Messer leicht einritzt.

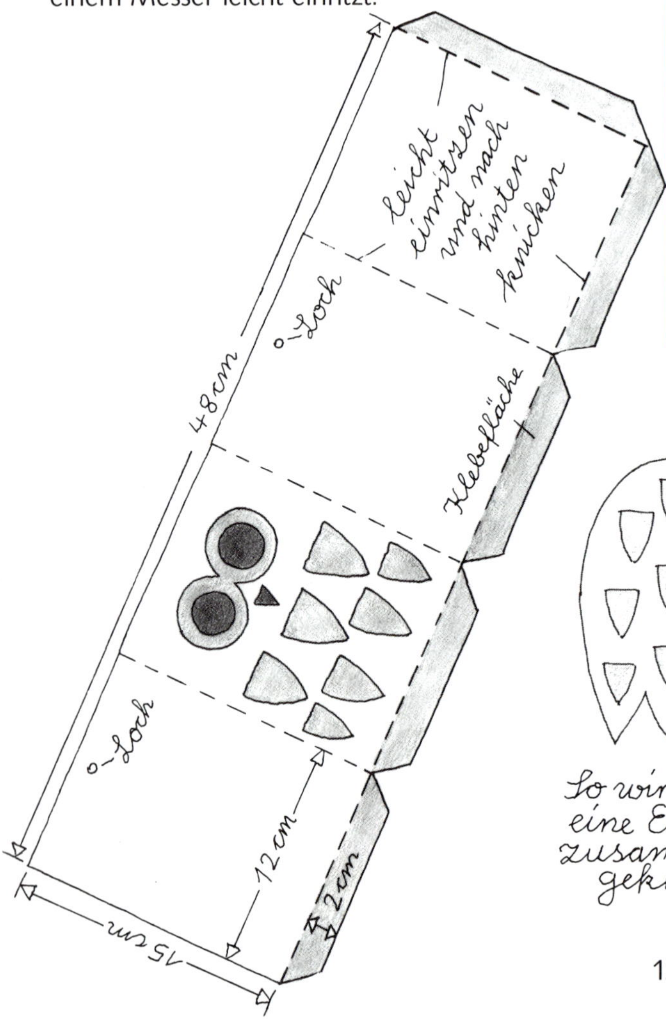

Hier siehst du das Muster für einen Flügel. Diese Eule braucht etwa 15 cm hohe Flügel.

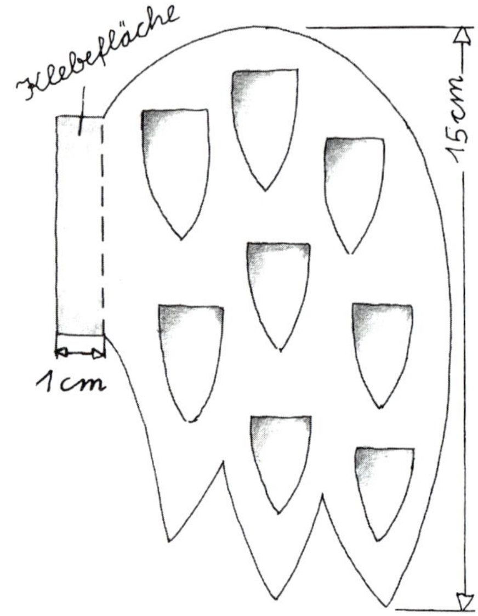

Wenn alle Teile ausgeschnitten und angeritzt sind, malst du mit Bleistift Augen, Schnabel und Federn auf. Die geraden Linien werden mit dem Messer, der Rest mit der Schere ausgeschnitten. Dann hinterklebst du alles mit farbigem Drachenpapier.

Das Tonpapier wird an den angezeichneten Stellen geknickt und an den Klebestellen zusammengeklebt. Der Laternenboden muß 12 x 12 cm groß sein. Die Flügel werden mit Klebefilm befestigt.

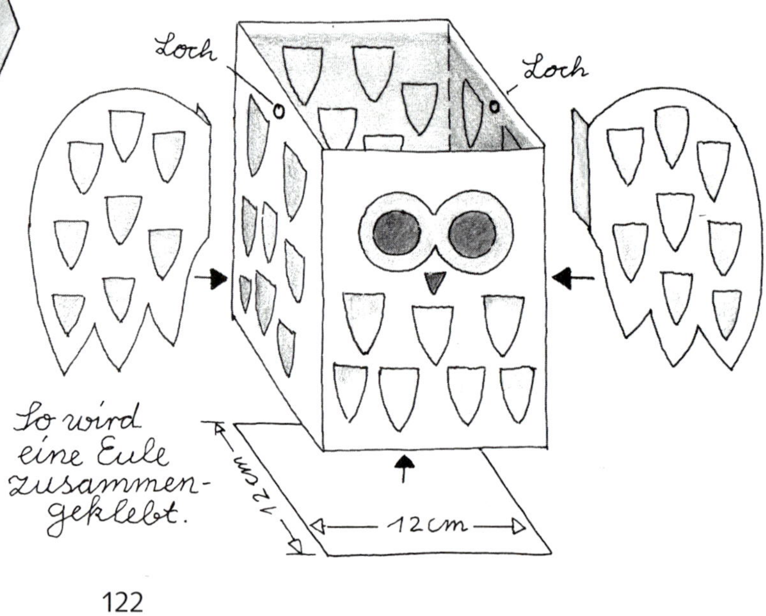

Leuchttürme

Festes weißes Papier
Drachenpapier in vielen Farben
Schere, UHU-Klebstoff

Das ist eine Bastelei für die ganze Familie, denn: je mehr Türmchen es sind, desto schöner sieht es aus.

Schneidet verschieden lange und breite Streifen aus dem festen Papier zurecht.
In eine Längsseite werden die Turmzinnen geschnitten.

Unten seht ihr zwei verschiedene Muster und auf dem Foto von Seite 123 noch einige mehr.

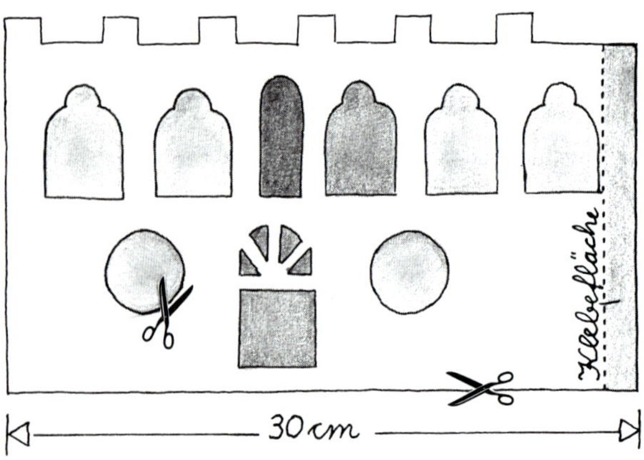

Fenster und Türen in den unterschiedlichsten Formen werden zuerst mit Bleistift aufgezeichnet und dann ausgeschnitten. Besonders schön ist es, wenn einige Fenster kleine Fensterkreuze haben. Hinter jedes ausgeschnittene Teil kommt farbiges Drachenpapier.
Dann wird das Ganze zu einem Turm zusammengeklebt.

Das große Turmleuchten kann beginnen, wenn in jedem Turm eine brennende Kerze steht…

Laternen-Gruß

Festes weißes Papier
Butterbrotpapier zum Abpausen
Drachenpapier
alte Nagelschere
UHU-Klebstoff
Briefumschlag

Diese Laterne paßt zusammengefaltet in einen Briefumschlag. Wenn du jemand eine Freude machen willst, verschicke solch eine kleine Tischleuchte zusammen mit einem Gruß von dir.

Schneide vom festen weißen Papier einen Streifen zurecht, der 42,7 cm lang und 15 cm breit ist.

Wenn du den Laternenstreifen zurechtgeschnitten hast, pause die Katzenfigur ab, übertrage sie auf die vier Laternenwände und schneide sie vorsichtig aus.

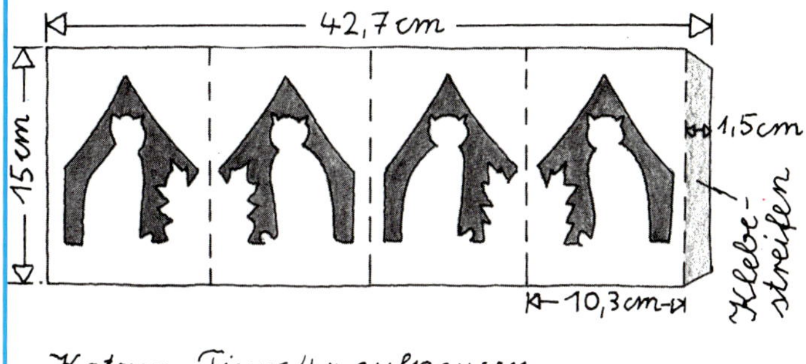

Dann hinterklebst du die ausgeschnittenen Teile mit Drachenpapier.

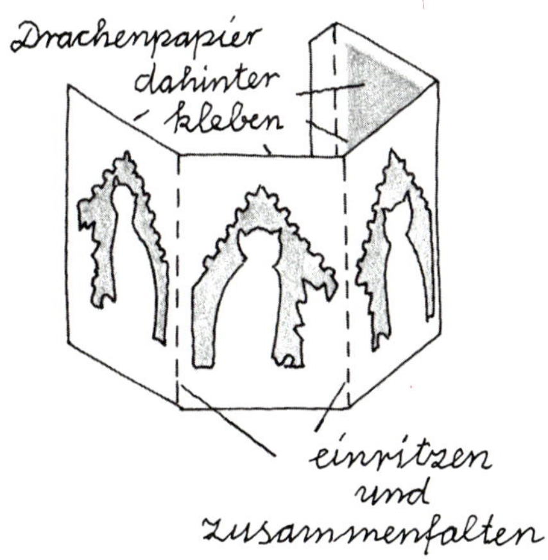

Falte die Laterne so zusammen, wie du es hier siehst. Schreibe auf den Klebestreifen „hier zusammenkleben!".
Nun fehlt nur noch dein Gruß – und ab geht die Post!

Eicheln, Kastanien, Blätter und Beeren…

Die schönsten Herbstbasteleien

Jetzt beginnt die Zeit, wo du prima mit Naturmaterial basteln kannst. Kastanien, Eicheln, Bucheckern, Ästchen, Rinden, Blätter und Beeren – schon das Sammeln macht Spaß! Und wenn es draußen regnet, wird drinnen gebastelt. Da entstehen viele große und kleine Tiere, schöne Geschenke aus gepreßten Blättern und ein federleichtes Schmetterlingsmobile.

Alle meine Tiere

Kastanien mit Schalen
Eicheln, Hagebutten
Bucheckern mit Schalen
Zapfen, Stöckchen
Lärchenzapfenschuppen
Kiefernnadeln, Beeren
Ahornsamen, Blätter
Federn, Gewürznelken
Messer, Schere
UHU-Klebstoff

Maus
Eine Eichel, ein dünnes, gebogenes Ästchen, zwei Ohren aus Lärchenzapfenschuppen und eine Beeren-Nase – fertig ist das Mäuslein.

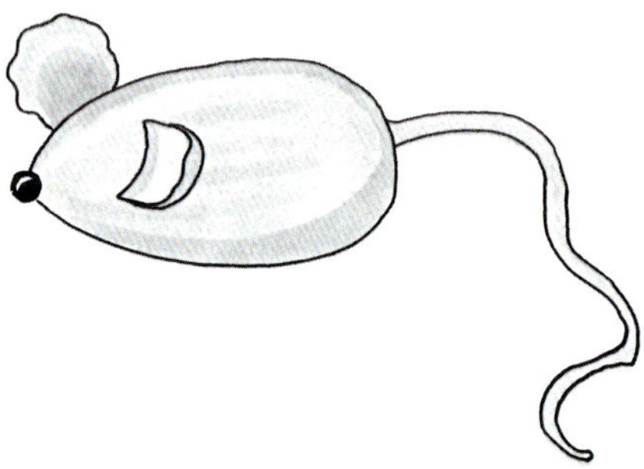

Igel
Nimm eine Kastanienschale, die ist schön stachelig. Schneide ein Stück davon ab und klebe es so auf eine Eichel, daß die Spitze herausguckt.

Vogel
An einen Kiefernzapfen werden schöne Federn geklebt. Der Kopf entsteht aus einer Eichel mit einem Schnabel aus Zapfenschuppen.
Für die Beine brauchst du zwei Stöckchen, die an einem Ende eine Gabelung haben.

Pfau
Mit einem Rad aus Ahornsamen zeigt sich der stolze Pfau.
Eine Kastanie wird dreimal vorsichtig angebohrt, und aus drei Stöckchen entstehen Hals und Beine. Eine Eichel ist der Kopf, zwei Bucheckern sind die Füße.

Käfer

Du brauchst drei leicht gebogene Ästchen für die Beine. Klebe an das flache Ende einer Eichel eine kleine Hagebutte – das ist der Kopf. Nun werden die Beine unter die Eichel geklebt, und fertig ist der kleine Käfer.

Fliege

In den Kastanien-Körper werden an zwei Seiten je drei Löcher gebohrt. Dorthinein klebst du sechs abgewinkelte Stöckchen als Beine.
Mit den großen Ahornsamen-Flügeln sieht die Kastanie doch fast wie eine echte Fliege aus…

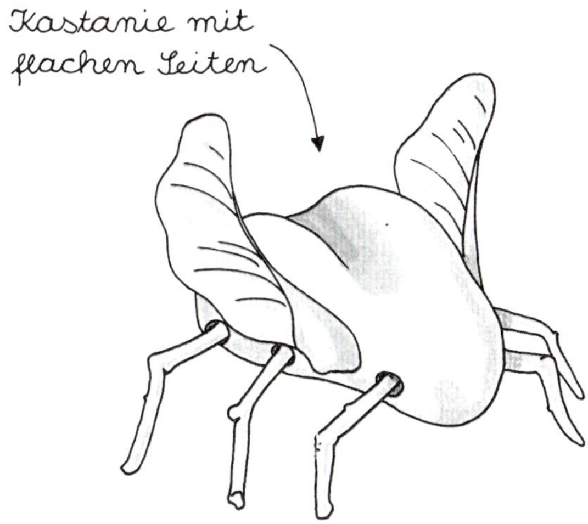

Frosch

Eine große Kastanie ist der Körper, eine kleine der Kopf. Aus der kleinen wird vor dem Zusammenkleben das Maul herausgeschnitten. Zwei Gewürznelken einfach darüber eingesteckt sind die Augen. Zum Schluß bekommt dein Frosch noch Füße aus kleinen Ahornsamen angeklebt.

Schaf
Ein Lärchenzapfen und eine Eichel werden vorsichtig angebohrt und mit einem angespitzten Streichholz verbunden. Vier Stöckchen in den Zapfen gesteckt sind die Beine. Zwei Teile einer Bucheckernschale klebst du zum Schluß als Ohren und zwei Beeren als Augen an.

Schnecke
Eine schöne, runde Kastanie ist das Schneckenhaus. Ein dicker gegabelter Stock ist der Körper. Schneide vorsichtig eine passende Kerbe in die Unterseite der Kastanie und klebe dort den Stock hinein.

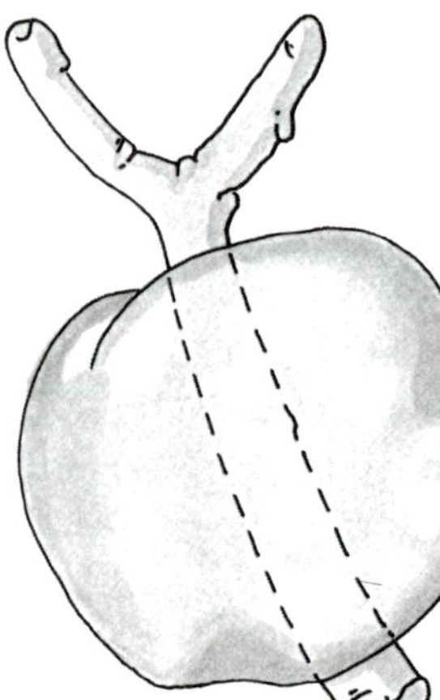

Alles aus Blättern

Viele verschiedene Blätter
fester, weißer Karton
Schachteln, Dosen
Briefpapier
Zahnbürste, Wasserfarben
Schere, UHU-Klebstoff

Schöne Blätter suchen macht richtig Spaß! Da merkt man erst einmal, wie verschieden sie alle in Form und Farbe sind.

Bevor du etwas damit basteln kannst, mußt du die Blätter pressen. Dazu nimmst du ein altes Telefonbuch oder einen alten Katalog, denn die Blätter können abfärben und die Seiten wellig werden. Lege die Blätter zwischen die Seiten und beschwere das Buch. In etwa zwei Wochen sind die Blätter ganz flachgepreßt und trocken.

Wenn du mit Blättern bastelst, möchtest du vielleicht auch ihre Namen kennenlernen. Auf Seite 132 findest du einige…

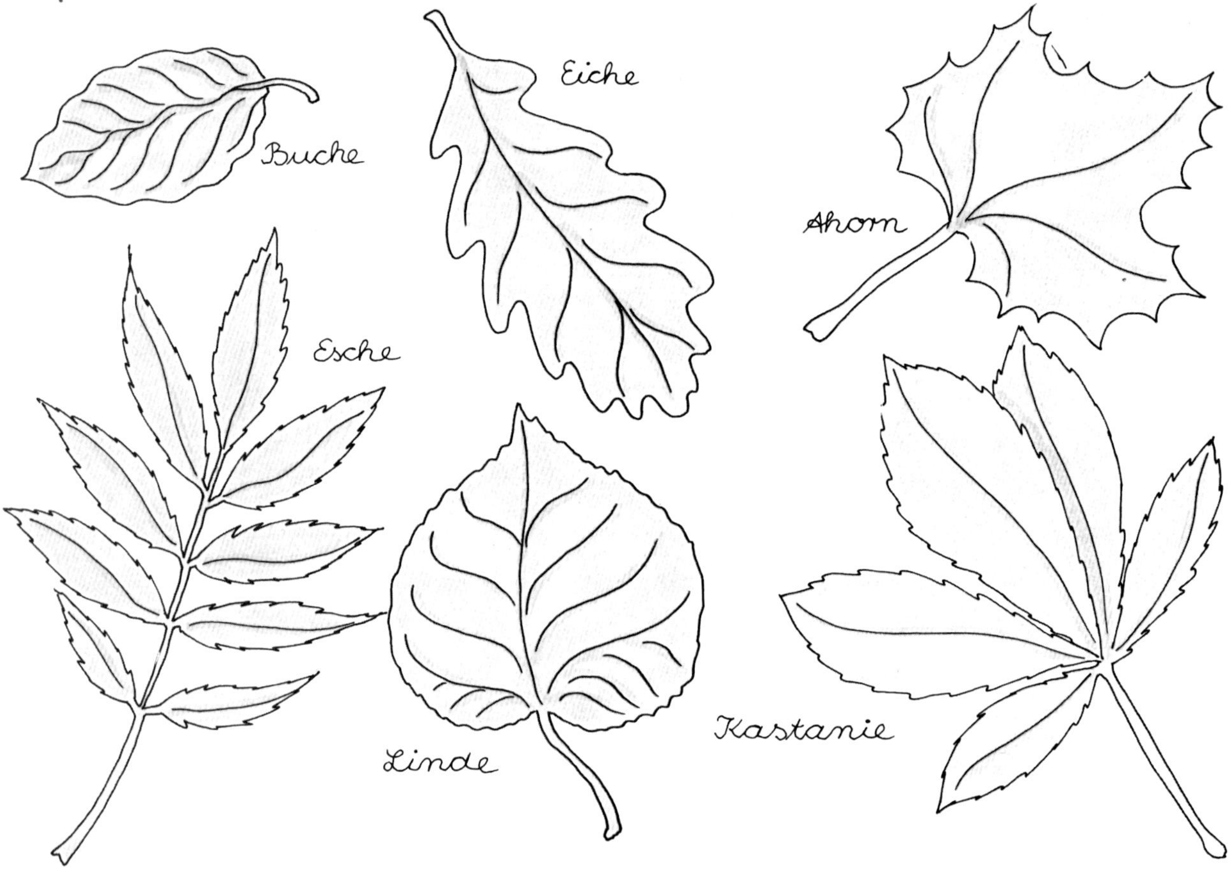

Schöne Verpackungen

Aus leeren Käseschachteln und Dosen kannst du wunderschöne Verpackungen zaubern, wenn du viele gepreßte Blätter hast. Klebe sie dicht an dicht auf die Schachtel oder Dose.
Schön sieht es auch aus, wenn du die Blätter zuerst auf farbiges Papier klebst und damit deine Schachtel oder Dose beziehst.

Das Rezept für diese verlockenden Schokoladenblätter findest du auf Seite 134

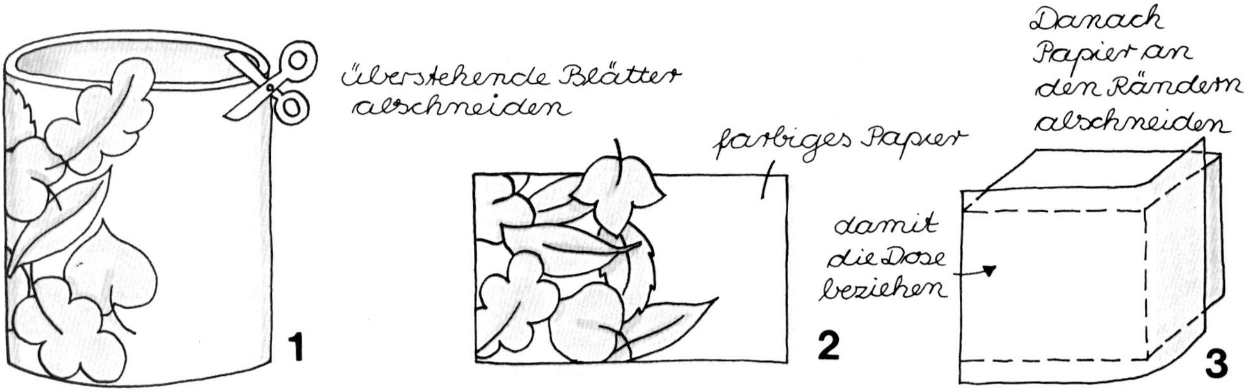

Blättermemory

Sicherlich kennst du dieses Spiel schon. Aber mit „Blätter-Karten" hast du bestimmt noch nicht Memory gespielt.
Zuerst sammelst du dir möglichst viele verschiedene Blätter, und zwar immer zwei von jeder Blattart. (Es wäre gut, wenn du etwa 20 Blattpaare hast.)
Dann schneide aus festem Karton für jedes Blatt eine 12 x 12 cm große Karte zurecht. Auf jede Karte wird ein Blatt geklebt.

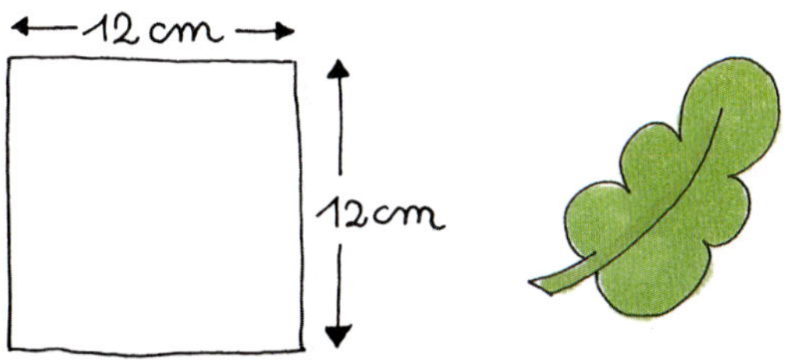

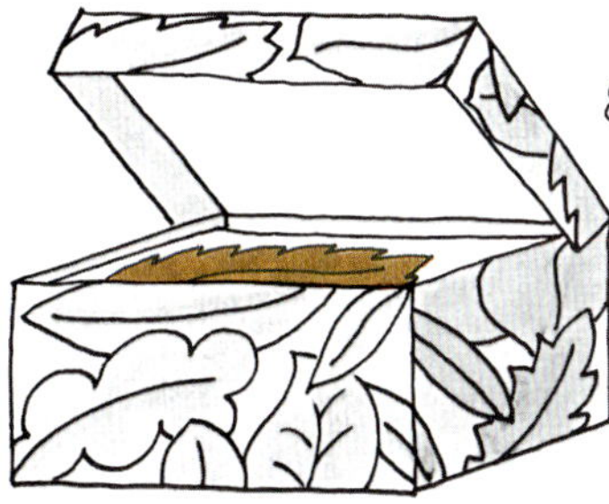

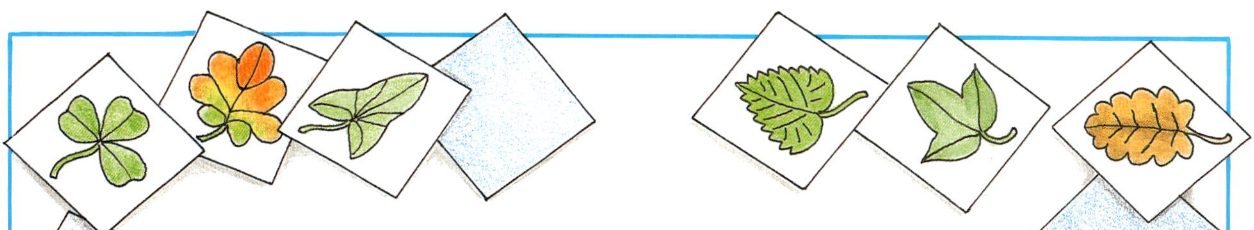

Memory-Spielregel

Alle Karten werden vorsichtig gemischt und mit den Blättern nach unten auf den Tisch gelegt. Derjenige, der an der Reihe ist, darf immer zwei Karten aufdecken. Hat er ein Blatt-Paar gefunden, darf er es behalten und noch so lange aufdecken, bis er zwei ungleiche Karten erwischt. Diese werden umgedreht und auf den Tisch zurückgelegt, und der nächste ist an der Reihe. Wer die meisten Blatt-Paare hat, ist Sieger.

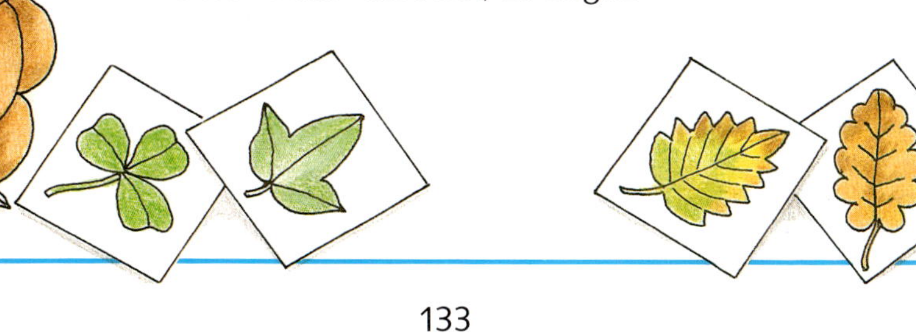

Bunte Blätter-Bilder
Mit Blättern kann man die schönsten Bilder „malen“, zum Beispiel Blätterblumen, -tiere oder -männchen.
Auf weißen Karton legst du dir zuerst die Figuren aus Blättern zurecht. Nun kannst du die Blätter noch so lange hin und her schieben, bis dir die Figur richtig gefällt. Erst dann klebe die Blätter fest.

Schokoladenblätter
Nimm Kuvertüre und schmelze davon zwei Drittel in einer Schüssel im Wasserbad. Die Schüssel aus dem Wasserbad nehmen, die restliche Kuvertüre dazugeben und so lange rühren, bis alles geschmolzen ist. Verschiedene gewaschene Blätter mit der Oberseite flach in die Masse tauchen und zum Trocknen mit der Schokoladenseite nach oben über einen Kochlöffelstiel legen. Wenn die Schokolade fest geworden ist, kannst du die Blätter vorsichtig abziehen, und zurück bleiben Schokoladenblätter …

Briefpapier
Mit Blättern kannst du dir dein ganz persönliches Briefpapier bedrucken.
Du brauchst weißes oder farbiges Briefpapier und verschiedene schöne Blätter, die nicht zu groß sein dürfen.
Lege ein Blatt auf einen Briefpapierbogen und tupfe eine alte Zahnbürste in Wasserfarbe. Indem du mit dem Daumen vorsichtig über die Borsten fährst, spritzt die Farbe in kleinen Tröpfchen auf das Papier. Wenn du das Blatt nach dem Trocknen wegnimmst, hat es sich auf dem Papier abgezeichnet.
Auf dieselbe Art werden auch die Briefumschläge bedruckt.

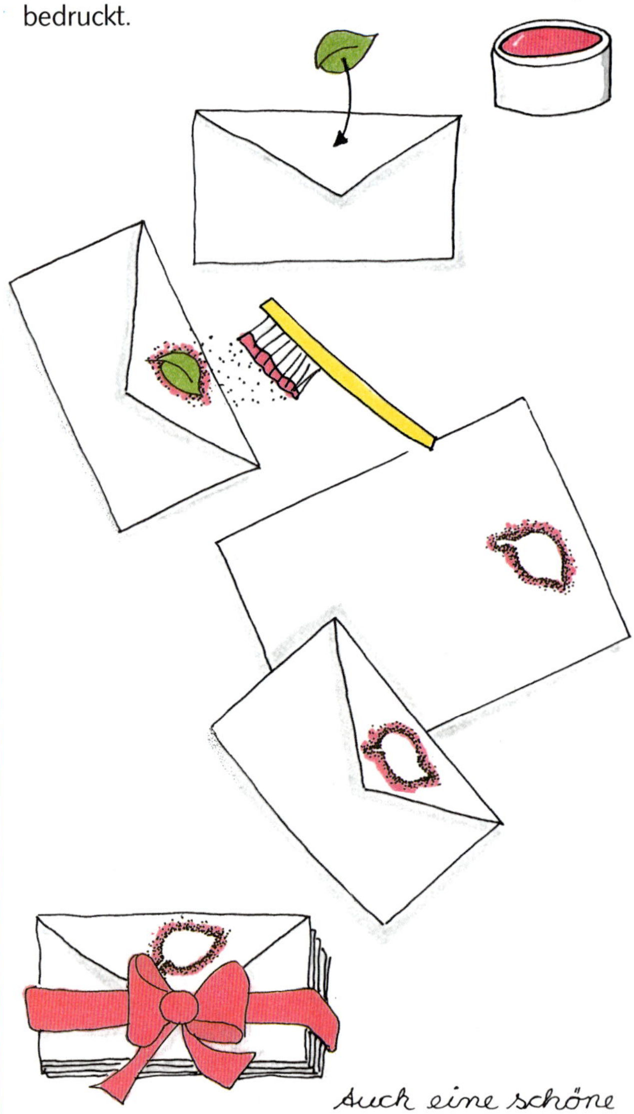

Auch eine schöne Geschenkidee

Schmetterlings-Mobile

1 verzweigtes Ästchen
4 gepreßte Blätter
Stöckchen, Kiefernnadeln
festes Garn, Knete
Schere, UHU-Klebstoff

Schmetterling: Befestige ein Stöckchen mit Knete auf dem Tisch. Auf das Stöckchen klebst du schräg nebeneinander die Blätter als Flügel (Zeichnung 1) und die Fühler aus Kiefernnadeln.

Binde an das Ästchen drei etwa 25 cm lange Fäden, die du so zusammenknotest, daß es waagerecht hängt (Zeichnung 2). Knote an jedem Schmetterling einen Faden fest und binde diesen an das Mobile. Wenn du magst, kannst du es auch mit Schleierkraut schmücken (Foto).

1

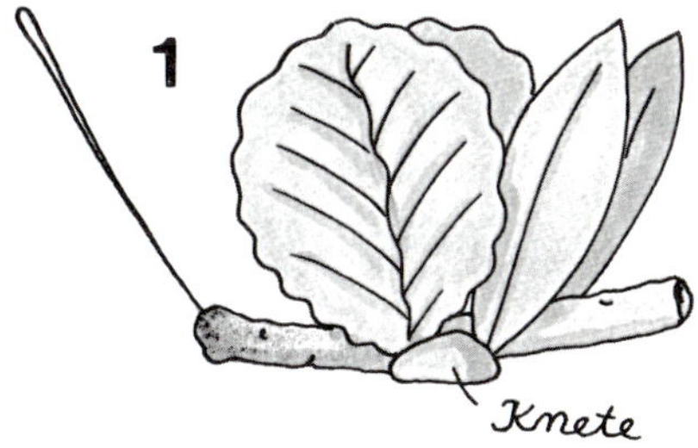

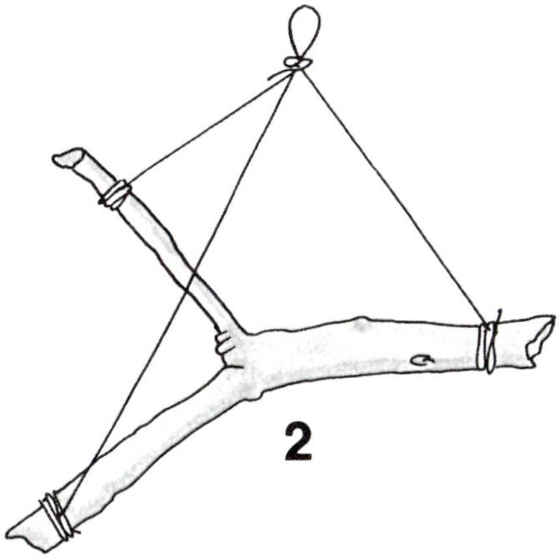

2

Puppen-Parade

Hier kommen sie – die Spielpuppen
zum Selbermachen:
Viele, viele Klammermännchen, ein Clown
zum Marionettespielen, Kullerpuppen, die
Purzelbäume schlagen, und eine richtige
große Puppe zum Schmusen und Liebhaben.

Viele, viele Männchen

Einige Wäscheklammern in verschiedenen Formen und Größen
Kreppapier oder Stoffreste
Wolle
Papierkugeln
farbiges Papier
Pfeifenreiniger, Knete
Streichhölzer
Nadel und Faden
Wasserfarben

Die alten Wäscheklammern sehen ja schon aus wie Männchen – man muß sie nur noch anmalen. Du kannst ihnen auch Rock und Hemd anziehen, Haare ankleben oder einen Hut aufsetzen. Die Arme sind aus einem Pfeifenreiniger.

Klebe eine Papierkugel auf eine Klammer – das ist der Kopf, und zwei Streichhölzer an die Seite – das sind die Arme. Jetzt noch anmalen und verkleiden, und wieder ist ein Männchen fertig!

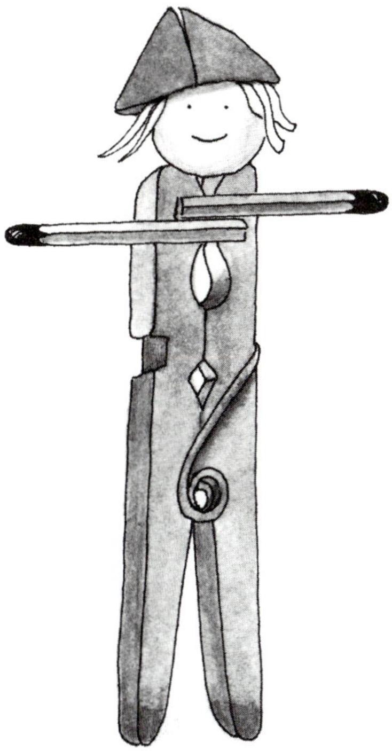

Und so kannst du auch noch viele verschiedene Klammermännchen basteln, große und kleine, dicke und dünne: Wenn du weißt, wie du die Männchen haben willst, schneidest du dir die Formen aus Pappe aus. Jedes Männchen bekommt Klammerbeine. Darauf kann es gut stehen. Vielleicht denkst du dir noch ein schönes Spiel mit den Männchen aus!?

Kopf, Schwanz und Beine aus Pappe ausschneiden, an eine Klammer kleben, schon hast du einen Klammerhund.

Ein Clown zum Spielen

Weißer Karton
Butterbrotpapier zum Abpausen
Stoffrest, Wollreste
Nadel, Faden, Schere
bunte Perlen
2 leere Klorollen

Mit dieser Marionette kann man lustig spielen. Vielleicht magst du sie jemandem schenken, der krank ist.

Zuerst paust du die Muster für Kopf und Hände ab, überträgst sie auf Karton und schneidest sie aus.

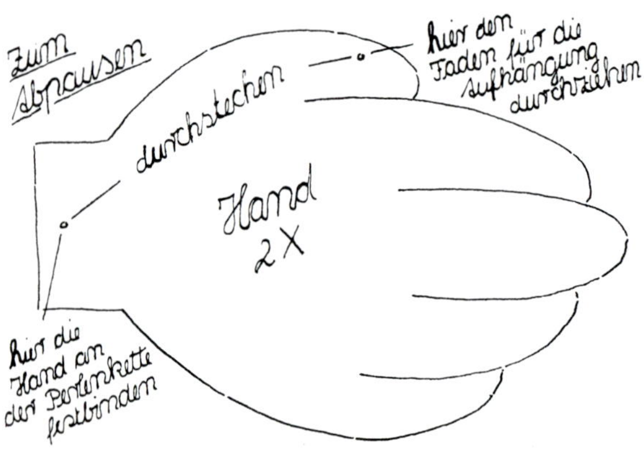

Das Pausmuster für die zweite Hand mußt du umdrehen. Das Gesicht bemalst du mit Wasserfarben, aus Wollfäden machst du die Haare.

Nebenan siehst du, wie die Puppe zusammengebaut wird: Knote an ein ungefähr 60 cm langes Stück Garn die eine Hand, fädle die Hälfte der Perlen auf, ziehe den Faden durch den Stoffzipfel und reihe dann die zweite Hälfte der Perlen auf. Den Schluß bildet die zweite Hand. Der Kopf wird in der Mitte am Stoffzipfel mit einem Stück Garn festgeknotet.

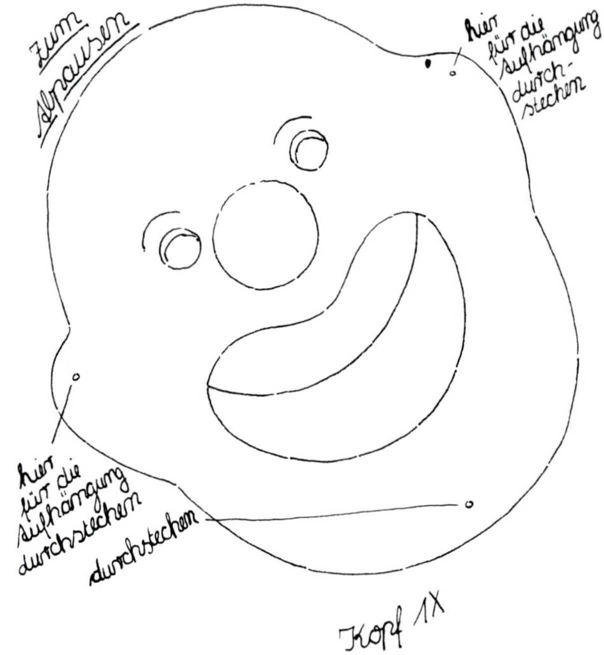

Auf dieser Zeichnung siehst du, wie der Kopf an der einen und die Hände an der anderen Klorolle befestigt werden.

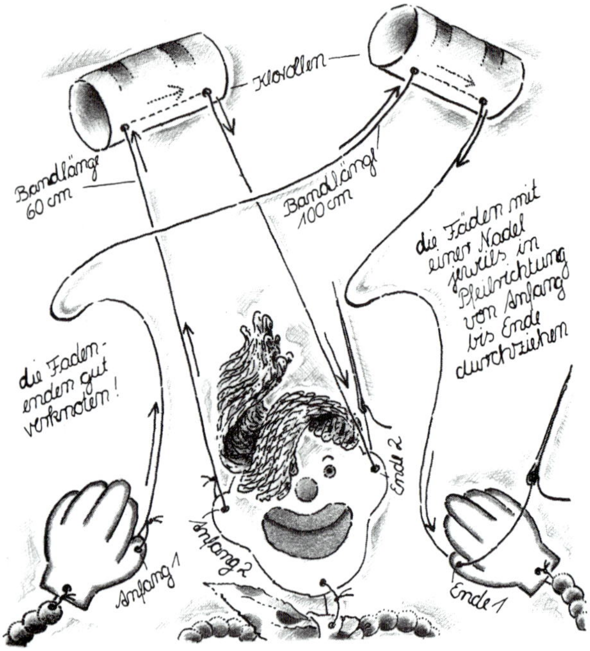

Herr und Frau Kuller

Stoff- oder Filzreste
2 kleine Eisen- oder Bleikugeln (etwa 1,5 cm Durchmesser)
weißer Karton
Butterbrotpapier
Filzstifte, Stecknadeln
Schere, UHU-Klebstoff

Mit diesem Paar kannst du so manche lustige Kullerpartie erleben…

Zuerst Körper, Hände und Füße abpausen und nach den Pausen aus dem Stoff ausschneiden (Zeichnung 1). Dies machst du mit jeder Form zweimal. Für jede Figur werden die beiden

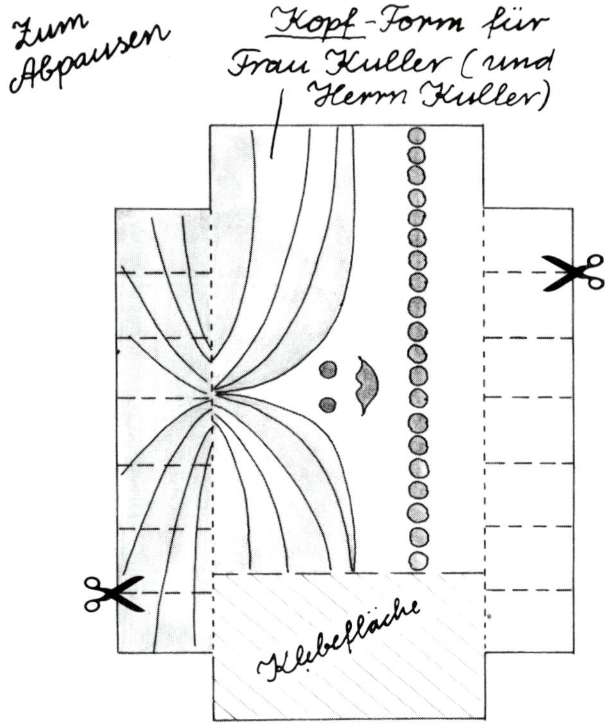

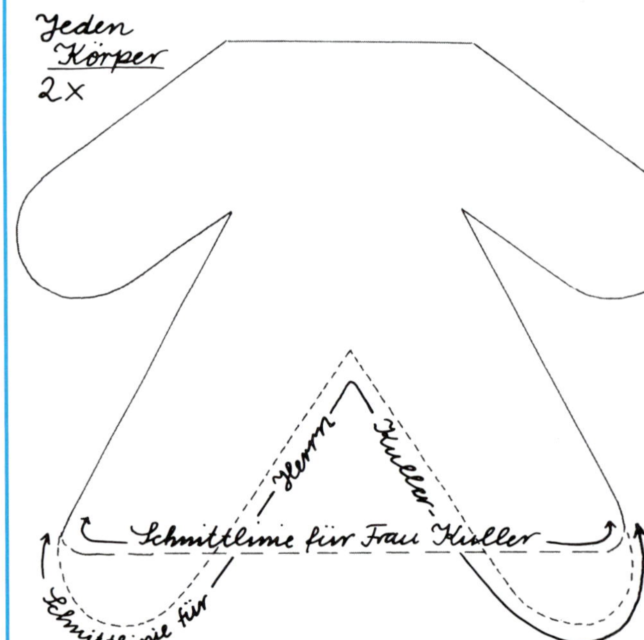

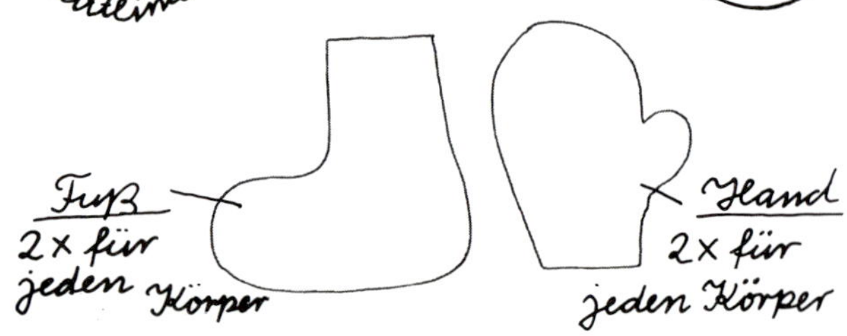

Körperteile gegeneinandergeklebt und dabei Hände und Füße dazwischengeklebt (Zeichnungen 2 und 5). Nur der Halsrand bleibt offen.

Die Kopf-Form abpausen und auf den weißen Karton übertragen. Ausschneiden, entlang den Linien einschneiden und an der Klebefläche zu einer Röhre kleben (Zeichnung 3). Vom oberen Teil die eingeschnittenen Stücke nach innen biegen und aufeinanderkleben (Zeichnung 4). Die Kugel hineinlegen und die untere Seite genauso schließen.

Nun den Kopf in den offenen Halsausschnitt kleben und Gesicht und Haare aufmalen (Zeichnung 5). Die Röhre für den Kopf mußt du zweimal basteln, einmal für Frau und einmal für Herrn Kuller.

Damit die Püppchen kullern können, nimmst du ein schräggestelltes Brett, auf das du ein Handtuch legst. Nun die beiden auf den „Gipfel" gesetzt, ein kleiner Schubs, und schon purzeln sie kopfüber hinab!

Du kannst auch ein Spiel daraus machen und mit jemand um die Wette kullern.

Ein Puppenkind

3 alte Socken (eine davon ohne Muster!)
Watte, Wollreste
1 Stoffrest (20 x 40 cm)
etwas Spitze, Geschenkband
Nadel, Faden, Schere

Schneide die Socken so aus, wie du es auf der Zeichnung nebenan siehst.
Nimm für Kopf und Arme die Socke, der einer Hautfarbe am ähnlichsten ist (Beige, Rosa, Weiß, Braun, Schwarz...).

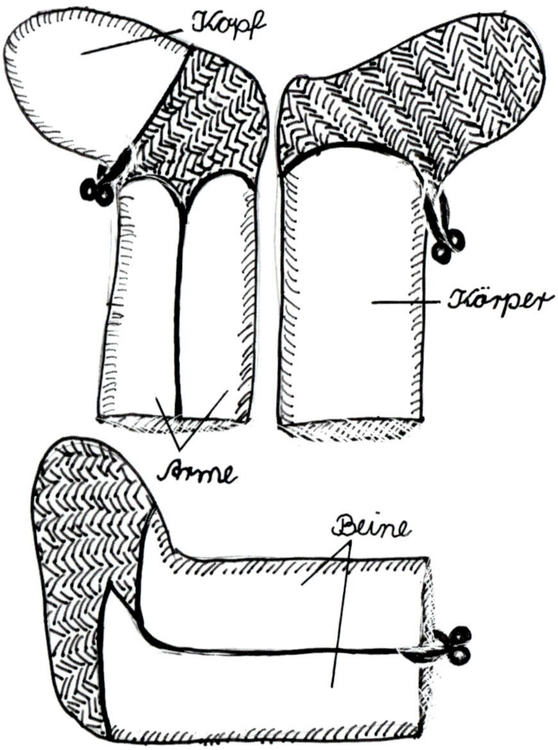

Kopf: Mit Watte zu einer Kugel ausstopfen und so abbinden, daß etwa 2 cm überstehen. Das Gesicht aufsticken.

Arme und Beine: Wie kleine Säcke zusammennähen, wenden, mit Watte füllen und zunähen.

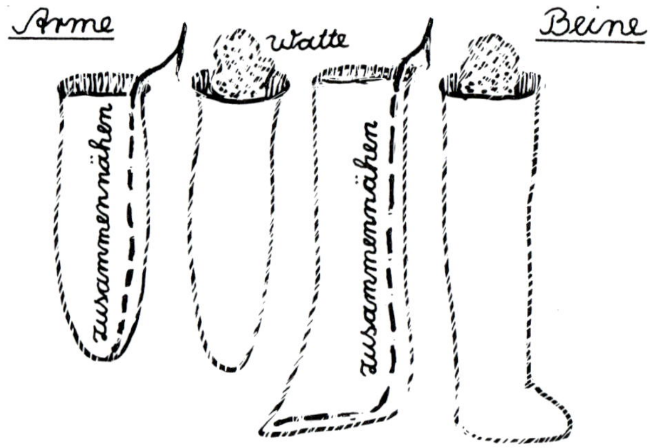

Körper: Die runden Seiten zusammennähen, das Teil wenden, mit Watte füllen und zunähen.

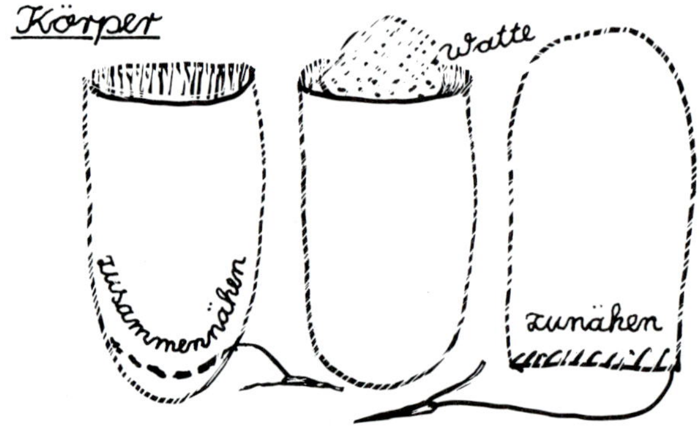

Haare: Teile die Wollreste in 3 gleich große Stränge und nähe sie so am Kopf fest, wie du es hier siehst. Nun kannst du verschiedene Frisuren machen.

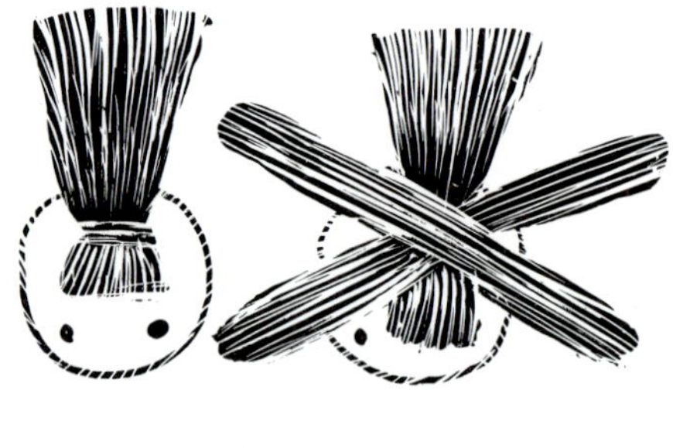

Der überstehende Stoff des Kopfes wird mit Stecknadeln um das runde Ende des Körpers gesteckt und dann gut festgenäht (Zeichnung A). Danach Arme und Beine ebenfalls gut festnähen (Zeichnung B).

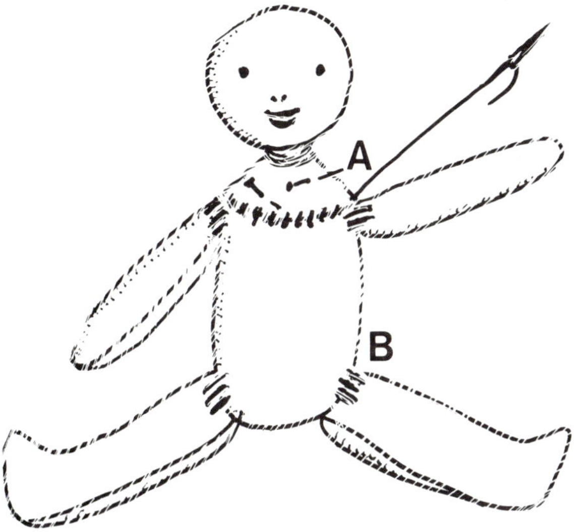

Puppenkleid: Falte den Stoff in der Mitte. Mache dort einen Einschnitt, der so groß ist, daß der Kopf der Puppe hindurchpaßt.
Etwas Spitze an die Schultern genäht – und schon sind die Ärmel fertig! Wenn du einen Faden durch etwa 15 cm Spitze oder ein Geschenkband ziehst und der Puppe um den Hals bindest, hat das Kleid einen Kragen. Und als Gürtel nimmst du ein Geschenkband.

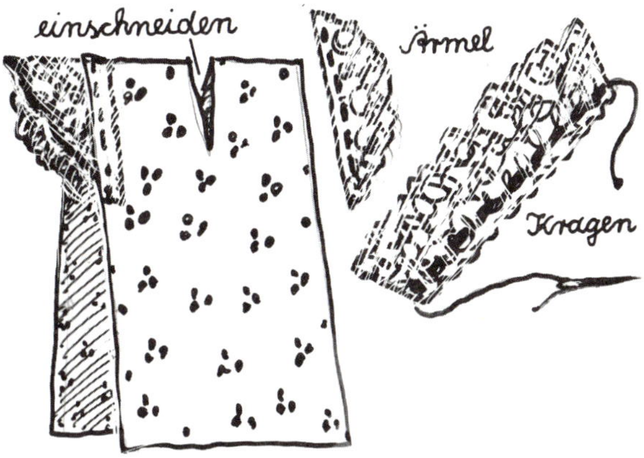

Basteln vor Weihnachten

Der Christkindlmarkt ist
ein riesengroßer Adventskalender.
Wenn du ihn fertig gebastelt hast,
verstecken deine Eltern darin
24 kleine Überraschungen für dich.

Das Lichter-Häuschen und die schwimmenden
Lichter sind Kerzenhalter, die nicht jeder hat,
und wenn die ganze Familie bastelt,
könnt ihr eure Fenster
mit leuchtenden Sternen schmücken.

Auf dem Christkindlmarkt

Leere Schachteln
Wellpappe
blaues Tonpapier
2 Holzspieße, Alufolie
Holzperlen, Goldschnur
leere Streichholz-schachteln
leere Klopapierrollen
Plakafarben, Watte
spitzes Messer
Schere, UHU-Klebstoff

Für diesen Kalender brauchst du eine Auswahl verschieden großer Schachteln. Die drei Schachteln für die Marktbuden sollten etwa 17 cm lang sein. Zwei oder drei kleinere Schachteln passen noch auf die Marktbuden.
Baue zunächst die Häuser probeweise auf. Vielleicht haben deine Schachteln schon schöne Farben, wenn nicht, kannst du sie mit Plakafarben bemalen oder mit Tonpapier bekleben.

Zuerst werden die Öffnungen in die Schachteln geschnitten. Die große Markise und die Klappläden werden mit einem spitzen Messer eingeritzt und umgeknickt.

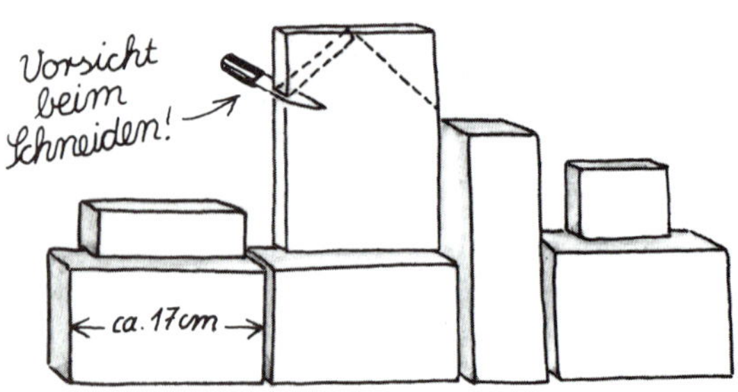

Eine Marktbude hat einen **Rolladen**: Schneide über der großen Öffnung einen schmalen Schlitz als Rolladenführung aus. Er muß etwas länger als der Rolladen sein. Dieser wird aus Wellpappe geschnitten.

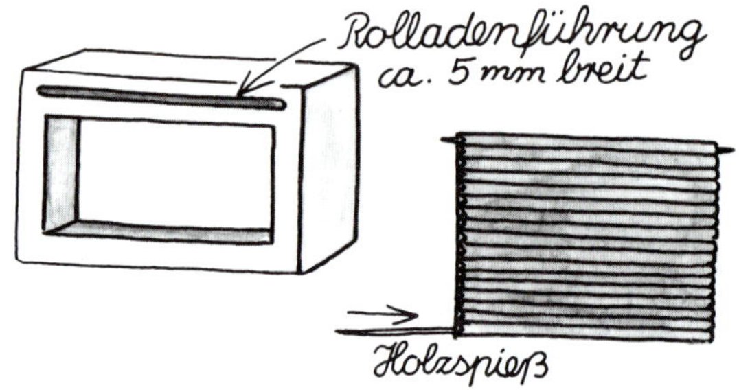

Oben und unten schiebst du einen Holzspieß durch, der an beiden Seiten übersteht. Der Rolladen wird in die Führung eingeschoben und unten mit einem halben Streichholz geschlossen.

In die Marktbuden passen etwa 12 kleine Geschenke. Mit Glanzpapier bezogene Streichholzschachteln und Pappringe nimmst du als Auslagen für die anderen 12 Geschenke.

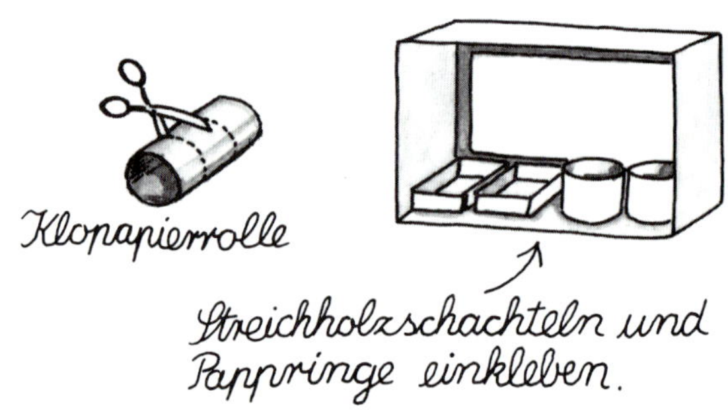

Wenn alle Türchen geschnitten sind, werden die Hausfassaden verziert. Du kannst auch verschiedene Giebelformen aus Papier schneiden. Bevor die Häuser aufgeklebt werden schreibst du die Zahlen auf die Türchen.

Himmel und Straße bastelst du aus einem stabilen, etwa 60 x 60 cm großen Karton. Falze ihn mit Lineal und Messer so wie auf der Zeichnung. Den Himmel machst du mit blauem Tonpapier.

Nun werden die Häuser seitlich aneinander, am Boden und Himmel gut festgeklebt (mit vier Händen geht es besser…!). Die Schneeflocken kannst du mit Deckweiß auftupfen oder -spritzen. Mit zerknitterter Alufolie machst du die Straße.

So werden die Geschenke in den Häusern versteckt: Mit Goldschnur verpacken, ein Schnurende länger lassen und durch eine Nadel fädeln. Die Nadel wird von innen durch ein Türchen gezogen, eine Perle aufgefädelt und das Schnurende verknotet (Foto Seite 151).

Wer hat die schönsten Schäfchen?

Tonpapier, Metallpapier
24 leere Streichholzschachteln, Wellpappe
Filz- und Wollreste
24 Holzperlen
abgebrannte Streichhölzer, Watte
1 leere Klopapierrolle
1 Papierkugel (3 cm)
Plakafarben
Schere, UHU-Klebstoff

So werden die **Schäfchen** gebastelt:
Schneide 24 Schafsköpfe aus. Am einfachsten geht es, wenn du das Pausmuster einmal überträgst, ausschneidest und als Schablone nimmst. Auf etwas dickeres Papier zeichnest du mit Hilfe der

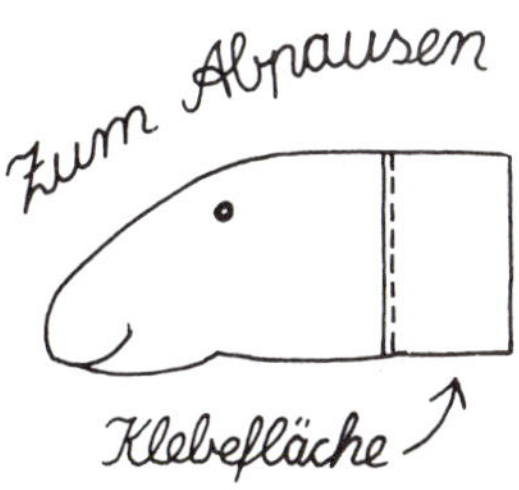

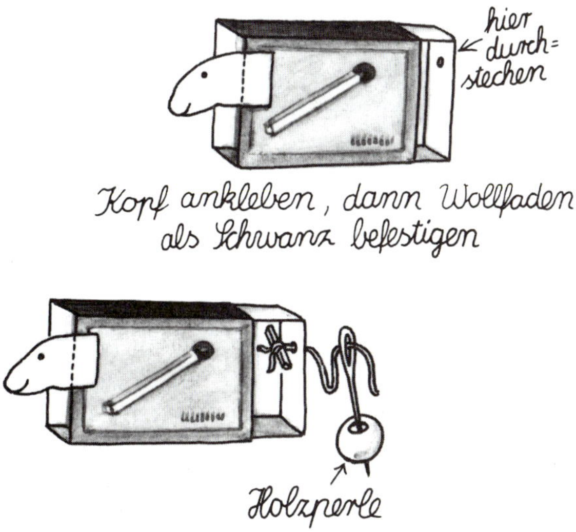

Schablone die 24 Köpfe (damit nachher nicht alle Schäfchen in die gleiche Richtung schauen, kannst du die Schablone auch mal umdrehen). Dann werden die Köpfe angemalt und ausgeschnitten.

Die Schwänzchen machst du so: Wollfaden mit Nadel durch die Perle ziehen. Mit Knoten die Perle hinten befestigen. Nadel durch Schachtel ziehen und mit einem halben Streichholz innen verknoten.

Schneide aus Wellpappe 24 „Felle“ aus und beklebe damit die Schachteln. Für die Ohren nimmst du kleine Wellpappeschnipsel. Klebe nun noch die Beine an die Schachtelrückseite.

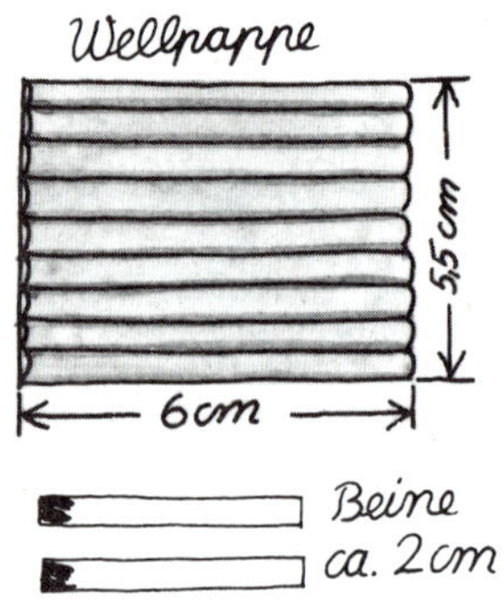

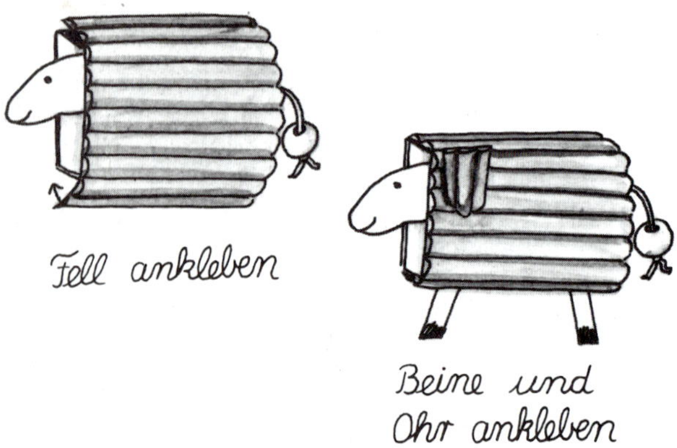

Für den Hintergrund brauchst du einen großen Bogen Karton (60 x 80 cm). Mit farbigem Tonpapier, Plakafarben, Metallpapier und Watte kannst du dir eine schöne Landschaft gestalten (Foto nebenan).

Die Schäfchen werden so auf die Landschaft geklebt, daß man das Innenteil gut herausziehen kann und noch Platz für den Schäfer bleibt.

Und so wird der **Schäfer** gebastelt:
Schneide eine Klopapierrolle auf und biege die Ränder um. Ziehe durch ein Stück Filz mit groben Stichen einen Wollfaden. Dieser Umhang wird gerafft, um die Rolle gelegt, die Fadenenden werden durchgefädelt und die Rolle damit zusammengebunden. Male auf die Papierkugel ein Gesicht und klebe einen Wattebart an.

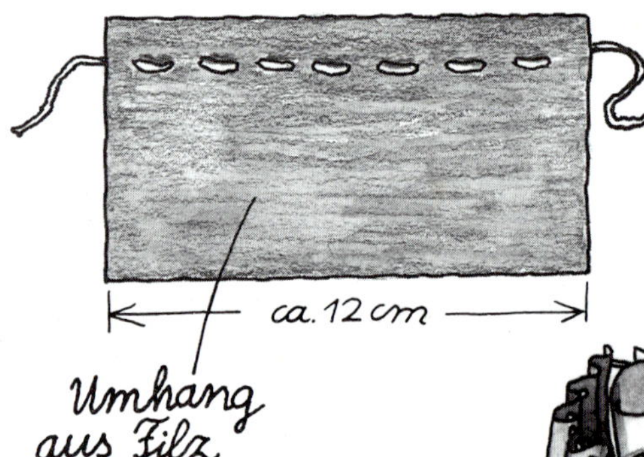

Für den Schlapphut schneidest du nach dem Pausmuster einen Kreisring aus, klebst ihn auf die Papierkugel und malst ihn an. Kopf und Körper werden gut zusammengeklebt. Nun klebst du den Schäfer zu seinen Schafen und schreibst zu jedem Tier noch eine Zahl.

Kerzenhalter

1 Bierdeckel, Metallpapier
Bucheckernhülsen
1 Adventskerze
Schere, UHU-Klebstoff

Draußen wird es jetzt früh dunkel. Da ist es drinnen besonders gemütlich, wenn eine Kerze brennt. Doch zünde eine Kerze nur an, wenn jemand größerer dabei ist!

Hier siehst du, wie aus ganz einfachen Sachen ein schöner Kerzenhalter entsteht.
Klebe ein Stück Metallpapier auf den Bierdeckel. Die überstehenden Teile werden am Rand entlang abgeschnitten. Nun stell die Kerze in die Mitte des Bierdeckels und klebe die Bucheckernhülsen rundherum, bis die Kerze ganz „umringt“ ist.

Lichter-Häuschen

Selbsthärtender Ton
(kleine Menge)
Wasserfarben
spitzes Messer, 1 Teelicht

Dies ist ein Kerzenhalter, wie ihn nicht jeder hat: Ein Häuschen, in dem ein Licht brennt!

Knete die Modelliermasse **auf einer Unterlage** gut durch.

Für die **Wände** brauchst du etwa zwei Drittel der Masse. Forme eine dicke Scheibe. Mach in die Mitte ein Loch und drücke das Ganze zu einem Ring – etwa 5 cm hoch und 1 cm dick (Zeichnungen 1 und 2). Diesen stellst du auf ein Brett. Forme den Ring so, daß 4 Ecken entstehen (Zeichnung 3). Aus den Wänden schneide möglichst viele Fenster und die Tür heraus (Zeichnung 4). Die Reste für den Schornstein aufheben!

1

2

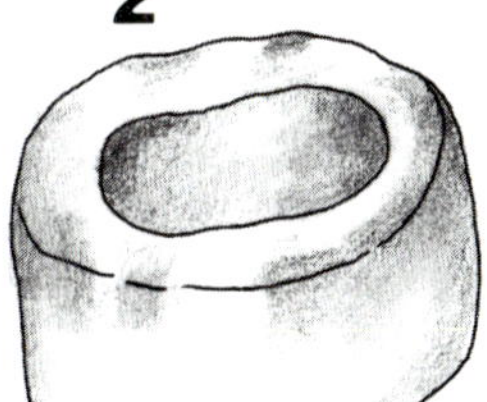

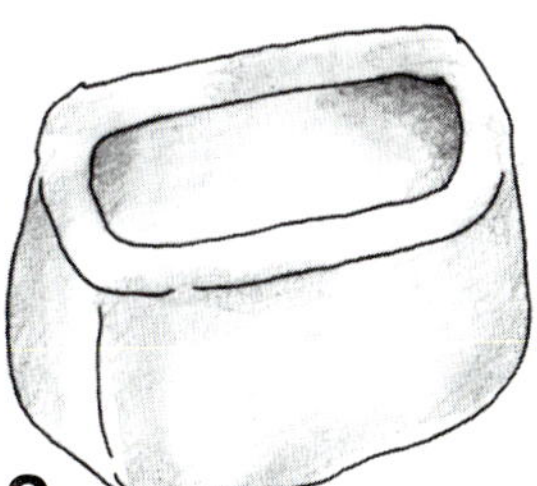

3

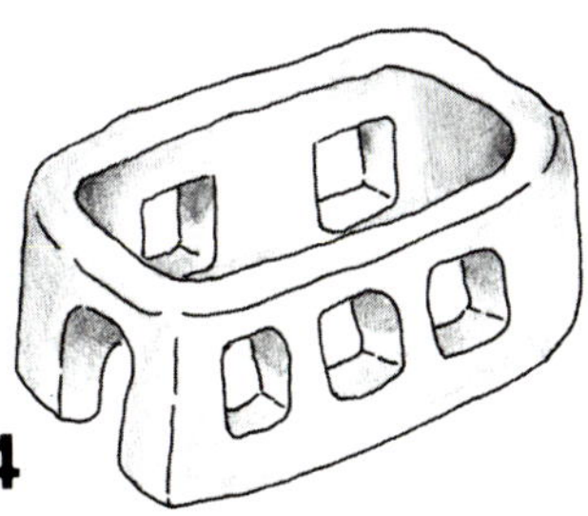

4

Für das **Dach** brauchst du das restliche Drittel der Masse. Forme wieder eine Scheibe und drücke sie so zurecht, daß ein Dach passend zum Haus entsteht. Aus der Mitte schneide eine Öffnung für den Schornstein heraus (Zeichnungen 5–7).

5

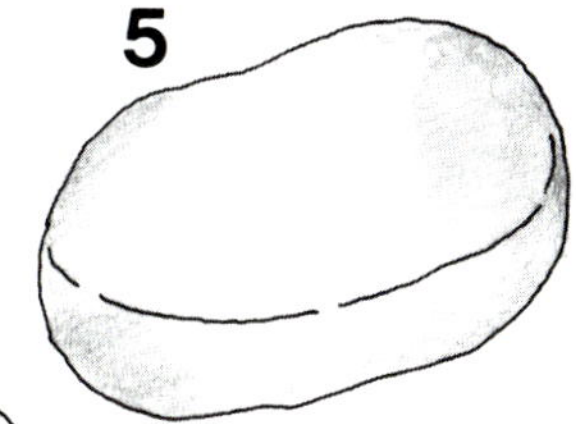

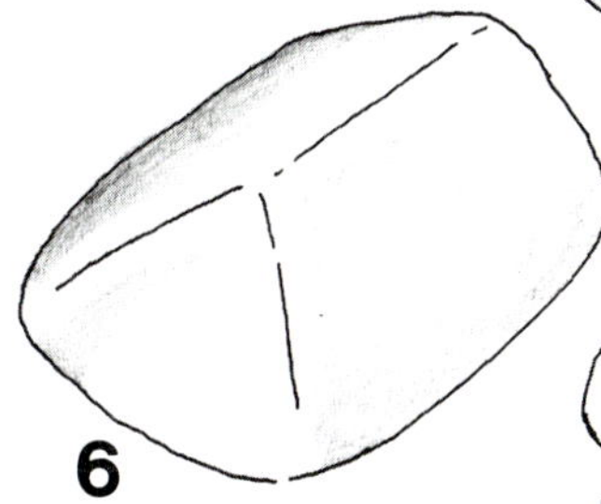

6

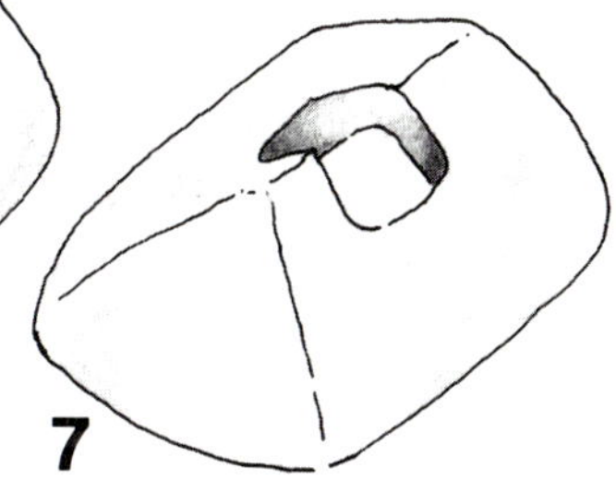

7

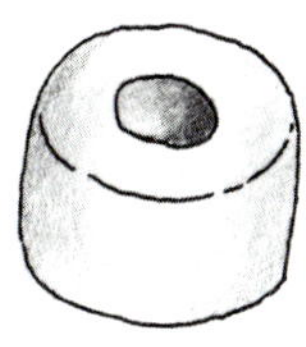

8

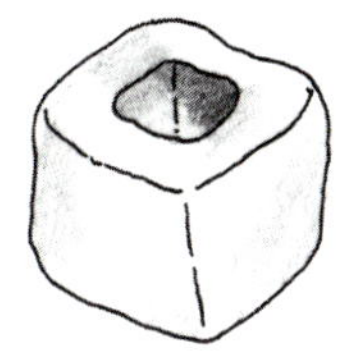

9

Für den **Schornstein** formst du aus den Resten einen Ring in der Größe der Dachöffnung. Drücke 4 Ecken heraus und setze ihn auf die Öffnung (Zeichnungen 8 bis 10). Nahtstellen gut verstreichen.

Das Dach auf das Unterteil setzen – und fertig ist das Haus. Es muß jetzt 2 – 3 Tage an der Luft trocknen. Erst dann kannst du es bunt anmalen.

10

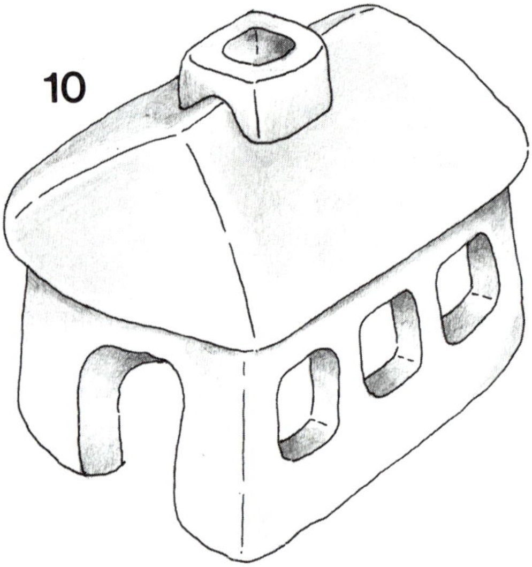

Stelle das Teelicht so darunter, daß es direkt unter dem Schornstein steht. Wenn du noch ein Räucherkerzchen dazustellst, kommt guter Duft aus deinem kleinen Haus.

Advents-Laterne

Dünne Metallfolie
1 Teelicht (mit Hülle)
Schere, UHU-Klebstoff

Wenn diese Laterne leuchtet, entstehen wunderschöne Schattenmuster auf dem Tisch und an der Zimmerdecke.

Das Stück Metallfolie sollte 20 cm lang und 15 cm breit sein. Die schmale Seite wird zur Hälfte gefaltet. Dann machst du an der Faltseite 5 cm lange Einschnitte, im Abstand von je 1 cm (Zeichnungen 1 und 2 unten). Bist du mit dem Einschneiden fertig, faltest du das Stück wieder auseinander. Die beiden kurzen Kanten werden aufeinandergeklebt (Zeichnungen 3 und 4). Ein brennendes Teelicht darunterstellen – und schon kann deine Adventslaterne leuchten.

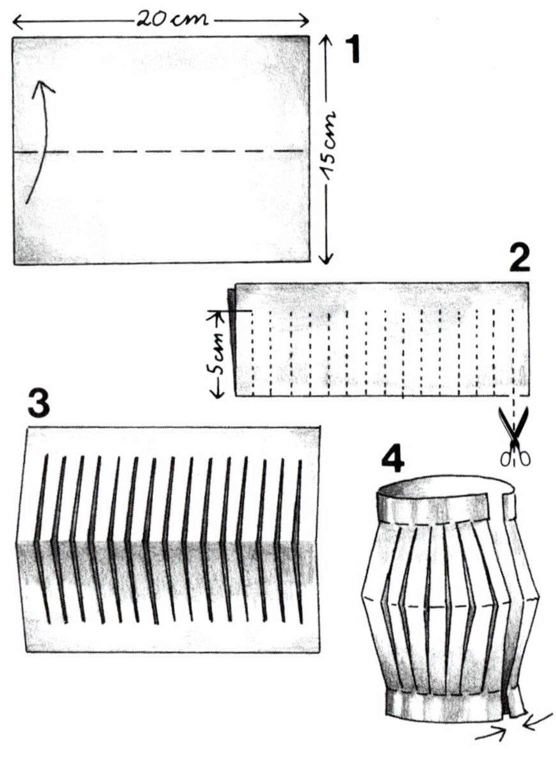

Du kannst auch kleine Laternen zum Aufhängen basteln: Das Stück Metallfolie muß dazu 10 cm lang und 8 cm breit sein. Zum Aufhängen ziehe ein Stück Zwirnsfaden durch oder klebe einen schmalen Streifen Metallfolie als Henkel an. Diese Laternen leuchten nicht, aber sie sehen sehr hübsch an einem Tannenzweig aus.

Leuchtender Fensterschmuck

Schwarzes Tonpapier
farbiges Seidenpapier
Butterbrotpapier
Schere, UHU-Klebstoff

Dieser Stern leuchtet, wenn du ihn gegen das Licht hältst. Deshalb sieht es am schönsten aus, wenn er am Fenster hängt.

Die Grundform zum Falten ist ein Quadrat. Wenn du die Schnittmuster auf der nächsten Seite abpausen willst, muß es etwa 17 x 17 cm groß sein. Schneide das Tonpapier in dieser Größe zurecht. Falte es dreimal, so wie du es auf der Zeichnung nebenan siehst. Pause eines der beiden Muster von der nächsten Seite ab, übertrage es auf das gefaltete Tonpapier und schneide es aus.

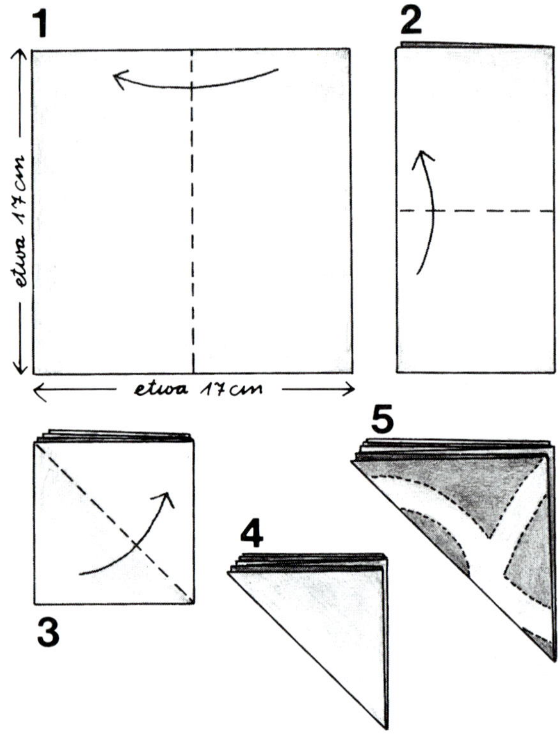

Nun vorsichtig auseinanderfalten. Damit dein Stern bunt leuchtet, klebe farbiges Seidenpapier hinter das „Sterngerüst“. Achte darauf, daß es die richtige Größe hat.
Wenn du beide Muster ausprobiert hast, kannst du dir ja eigene Formen ausdenken. Die fertigen Sterne werden mit einem Stückchen Klebefilm an die Fensterscheibe gehängt.

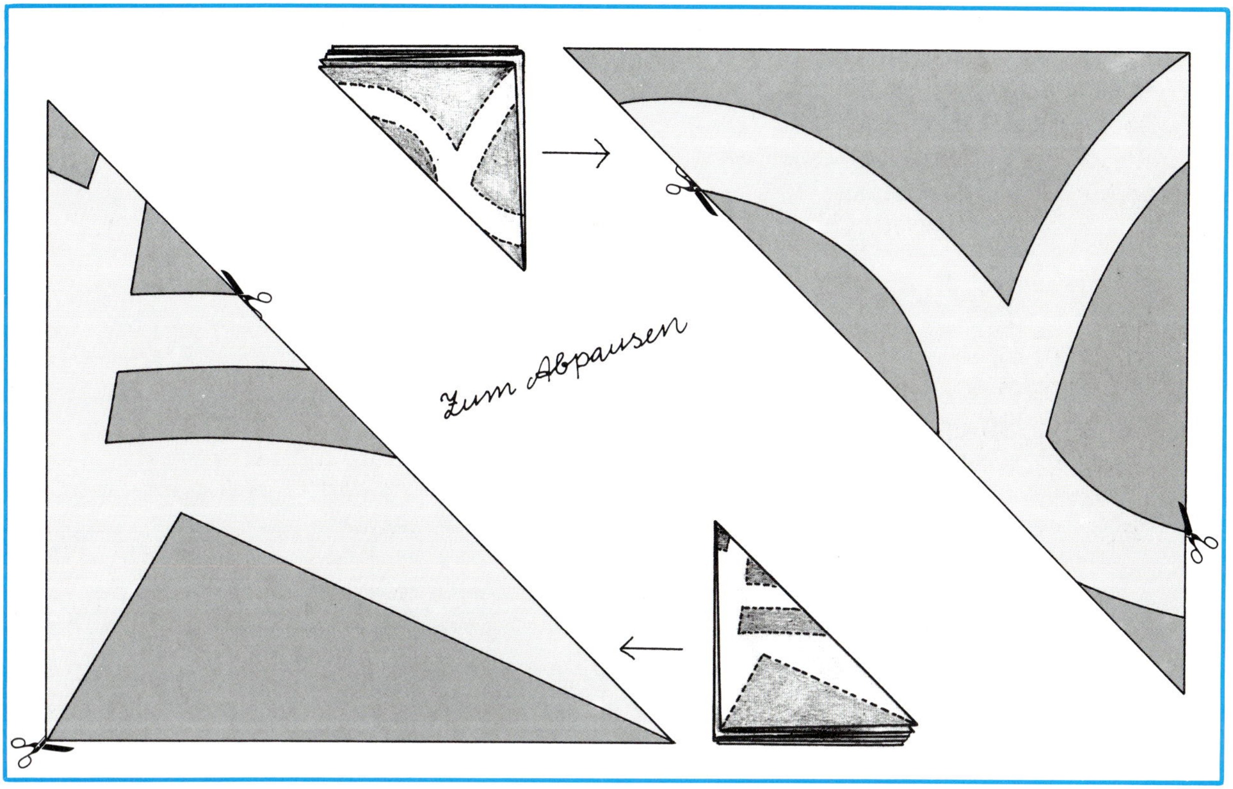

Gefüllte Bratäpfel

Du brauchst dazu: 4 Äpfel (für 4 Personen)
4 Eßlöffel dunkelrote Marmelade
4 Eßlöffel grob gehackte Haselnußkerne
2 Eßlöffel Dosenmilch
1 Teelöffel Zimt
etwas Butter
1 Eßlöffel Zucker

Die Äpfel gut waschen. Das Kerngehäuse läßt du am besten von jemand größeren herausstechen. Marmelade, 2 Eßlöffel Nüsse, Dosenmilch und Zimt miteinander verrühren. Den Boden einer feuerfesten Form einfetten, die Äpfel daraufsetzen und mit der Masse füllen. Um die Äpfel einige Butterflöckchen legen. Den Zucker und die restlichen Nüsse darüberstreuen. Die Form in den heißen Backofen schieben (200° C). Je nach Größe der Äpfel dauert es 10 – 20 Minuten, bis sie fertig sind. Dazu schmeckt heiße Vanillesoße.

Schwimmende Lichter

Leere Konservendose
Wachsreste
Docht (Bastelladen)
mehrere Walnußhälften

Am oberen Rand der Dose formst du einen Ausguß. In die Dose füllst du kleingeschnittene Wachsreste und läßt sie im Wasserbad flüssig werden. Die alten Dochte kannst du nun herausfischen. Das Wachs gießt du vorsichtig in die leeren Nußschalen (Zeichnung 1). Den Docht tauchst du nur kurz darin ein, läßt ihn etwas erkalten und ziehst ihn dabei gerade. Er wird erst dann endgültig ins Wachs gesteckt, wenn sich an dessen Oberfläche eine Haut bildet (Zeichnung 2).

1

2

Damit deine Lichter schwimmen können, kleidest du eine runde Kuchenform mit Alufolie aus und füllst sie mit Wasser. Die Lichter glänzen auf diesem silbernen See und drehen ruhig ihre Kreise.

Weihnachtsvögel

Mehrere Walnußhälften
Goldbronze, Pinsel
farbiges Tonpapier
Butterbrotpapier zum Abpausen, Glimmer
dünne Goldschnur
Schere, UHU-Klebstoff

Zuerst werden alle Nußhälften mit Goldbronze angemalt. Während sie trocknen paust du die Vogelform von nebenan ab, überträgst sie mehrmals auf das Tonpapier und schneidest sie aus. Auge, Schwanz und Schnabel werden mit Klebstoff bestrichen und mit Glimmer bestreut. Durch das Loch wird ein Stück Goldschnur gefädelt und festgeknotet (Zeichnung 1).

1

2

Nun bestreichst du immer zwei Nußschalen mit Klebstoff und drückst sie von beiden Seiten fest an den Vogelkörper (Zeichnung 2).
Auf dieselbe Art kannst du dir noch viele andere Figuren basteln.

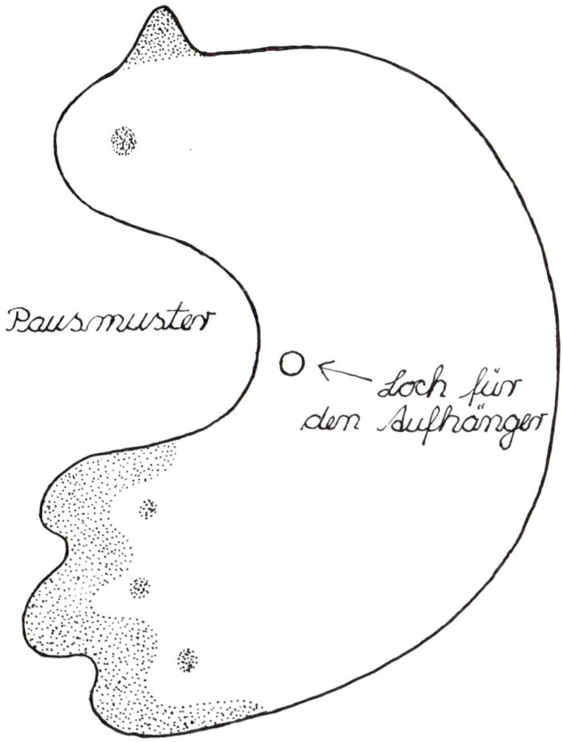

Schokonüsse

Eine Tafel Milchschokolade in kleine Stücke brechen und im Wasserbad schmelzen. Je 1 Tasse Rosinen und grob gehackte Walnüsse dazugeben und verrühren. Mit 2 Teelöffeln Häufchen auf ein Blech setzen und 1 Stunde kalt stellen.

Quellennachweis

Die Beiträge stammen aus folgenden Ravensburger Bastelbärheften:

Susanne Becker: Hier bewegt sich was!
© 1987 Ravensburger Buchverlag Otto Maier GmbH
Seiten 80, 81 o., 84

Susanne Becker: Nasser Bastelspaß
© 1988 Ravensburger Buchverlag Otto Maier GmbH
Seite 81 u.

Klaus Bliesener: Alles für die Kinderparty
© 1987 Ravensburger Buchverlag Otto Maier GmbH
© 1986 Otto Maier Verlag Ravensburg
Seiten 26, 27, 28, 29, 30 li., 34, 35, 108, 109

Monika Blume / Christl Burggraf: Erstes Papierfalten
© 1988 Ravensburger Buchverlag Otto Maier GmbH
Seiten 10, 11, 12, 14, 15 li., 16, 17, 18

Sabine Cuno / Kirsch & Korn: Alle deine Tiere
© 1984 Otto Maier Verlag Ravensburg
Seiten 88, 89, 90 li., 95 re., 99, 102 re., 103

Sabine Cuno / Kirsch & Korn: Aus der Restekiste
© 1987 Ravensburger Buchverlag Otto Maier GmbH
© 1984 Otto Maier Verlag Ravensburg
Seiten 58, 59, 73 re., 94 re., 95 li., 142, 143

Sabine Cuno / Kirsch & Korn: Bald ist Ostern
© 1987 Ravensburger Buchverlag Otto Maier GmbH
© 1984 Otto Maier Verlag Ravensburg
Seiten 48, 49, 50, 52, 53, 54, 60, 61 li.

Sabine Cuno / Kirsch & Korn: Bald ist Weihnachten
© 1987 Ravensburger Buchverlag Otto Maier GmbH
© 1984 Otto Maier Verlag Ravensburg
Seiten 66 re., 67, 68 re., 152 re., 153, 154, 156, 157

Sabine Cuno / Kirsch & Korn: Für die Spielekiste
© 1987 Ravensburger Buchverlag Otto Maier GmbH
© 1985 Otto Maier Verlag Ravensburg
Seiten 111, 112, 114, 115, 116 o.

Sabine Cuno / Kirsch & Korn: Für meine Ferien
© 1987 Ravensburger Buchverlag Otto Maier GmbH
© 1984 Otto Maier Verlag Ravensburg
Seiten 76, 77 u., 78, 79, 80 li., 84 re., 85

Sabine Cuno / Kirsch & Korn: Kinderschmuck
© 1987 Ravensburger Buchverlag Otto Maier GmbH
© 1985 Otto Maier Verlag Ravensburg
Seiten 38, 39, 40, 42, 43, 44, 45

Sabine Cuno / Kirsch & Korn: Leuchtende Laternen
© 1987 Ravensburger Buchverlag Otto Maier GmbH
© 1986 Otto Maier Verlag Ravensburg
Seiten 120, 121, 122, 124, 125

Sabine Cuno / Kirsch & Korn: Mein Geburtstag
© 1987 Ravensburger Buchverlag Otto Maier GmbH
© 1984 Otto Maier Verlag Ravensburg
Seiten 22, 23, 24, 30, 31, 32, 106, 110

Elisabeth Gloor: Für lange Ferienfahrten
© 1987 Ravensburger Buchverlag Otto Maier GmbH
© 1984 Otto Maier Verlag Ravensburg
Seite 15 re.,

Elisabeth Gloor / Sylvia Öwerdieck: Wir basteln mit Nüssen
© 1987 Ravensburger Buchverlag Otto Maier GmbH
Seiten 96, 98, 99 li., 158, 159

Barbara Grijpink: Kastanien, Eicheln…
© 1988 Ravensburger Buchverlag Otto Maier GmbH
Seiten 128, 129, 130, 131, 132, 133, 134, 135

Kirsch & Korn: Alles aus Papier
© 1987 Ravensburger Buchverlag Otto Maier GmbH
© 1985 Otto Maier Verlag Ravensburg
Seiten 64, 65 li. o., 68 li., 70, 71, 72, 73 li., 90, 92, 93, 94 li., 116 u., 117

Sabine Lohf: Mit Klammern und Knöpfen
© 1985 Otto Maier Verlag Ravensburg
Seiten 97 u., 100, 101, 102 li., 138, 139, 141 o.

Wolfgang Metzger: Adventskalender
© 1987 Ravensburger Buchverlag Otto Maier GmbH
Seiten 148, 149, 150, 152 li.

Sylvia Öwerdieck: Kleine Geschenke
© 1987 Ravensburger Buchverlag Otto Maier GmbH
© 1986 Otto Maier Verlag Ravensburg
Seiten 61, 62, 64 li., 82, 83 o., 140, 142 li. o.

Beatrice Tanaka: Kastanien, Eicheln…
© 1987 Ravensburger Buchverlag Otto Maier GmbH
Seite 135 o.

Beatrice Tanaka: Puppen, Puppen, Puppen
© 1985 Otto Maier Verlag Ravensburg
Seiten 144, 145

Marianne Weber / Kirsch & Korn: Mit Streichholzschachteln
© 1988 Ravensburger Buchverlag Otto Maier GmbH
Seiten 55, 65, 66 li.

Ulrike Schneiders: Fotos
© 1987, 1988 Ravensburger Buchverlag Otto Maier GmbH
© 1984, 1985, 1986 Otto Maier Verlag Ravensburg
Seiten 13 o., 17, 25 u., 33 u., 41, 69, 91, 97 o., 102 u., 107 u., 113, 123, 151, 155

Thomas A. Weiss: Fotos
© 1987, 1988 Ravensburger Buchverlag Otto Maier GmbH
© 1984, 1985, 1986 Otto Maier Verlag Ravensburg
Seiten 13 u., 25 o., 33 o., 51, 63, 77 o., 83 u., 107 o., 141 u.